Propiedades en renta y presupuesto minimalista

2 libros en 1

Genera altos ingresos pasivos rentando propiedades y con house flipping + Estrategias de negocio para manejar tu dinero correctamente

Inversión en bienes raíces: propiedades de alquiler

Descubra como generar ingresos pasivos masivos mediante el alquiler de sus propiedades actualizado

Tabla de Contenidos

Introducción

¿Tu tío renta su segundo apartamento por $1500 al mes y tú quieres hacer lo mismo? Vivir la vida de un propietario es un sueño. Considera las posibilidades: Si pudieras rentar 10 apartamentos por $1500 al mes cada uno, fácilmente podrías añadir $15,000 en ingresos pasivos a tu billetera cada mes por el resto de tu vida. ¿Alguna vez le has rentado a un propietario que posee 5, 10 o quizás 50 apartamentos, y que hace su vida simplemente rentando propiedades? ¿Alguna vez te has preguntado cómo llegaron allí y cómo obtuvieron financiamiento? En la mayoría de los casos, los dueños no heredan las propiedades. Comienzan con unas pocas adquisiciones y se expanden a numerosas propiedades.

¿Quieres comenzar en bienes inmuebles pero no sabes dónde encontrar financiamiento? Hay formas de comprar propiedades para alquiler sin ser un millonario. Este libro te enseñará todos los secretos que necesitas saber acerca de propiedades para alquiler. Si tienes poco o nada de dinero y no sabes dónde comenzar, te enseñaremos cómo financiar tus propiedades para alquiler sin una inversión significativa. Sí, es posible – y sí, hay formas de conseguir miles de dólares sin utilizar la casa de tu mamá como un colateral. Te daremos entrada a la mente del propietario: Aprenderás cómo financiar propiedades con poca o ninguna inversión inicial y te diremos cómo encontrar inquilinos y disfrutar una vida libre de estrés por el resto de tu vida.

Revelación #1: Las Propiedades De Alquiler Son Un Ingreso Estable.

Rentar es la forma más sencilla de invertir en bienes raíces, mucho más fácil que restaurar propiedades a tiempo completo. Para convertirte en un arrendador, lo único que tienes que hacer es adquirir una propiedad y ponerla en el mercado. Serás capaz de encontrar inquilinos incluso para las propiedades peores y más desgastadas. Compara eso con restaurar, en donde el restaurador tiene que pagar una inicial por la propiedad, reparar daños estructurales, amueblar el interior, y esperar un promedio de seis meses mientras la casa, que podría no venderse, está en el mercado.

Un arrendador técnicamente podría adquirir una propiedad y rentarla al día siguiente. Entonces, dime cuál es más fácil, ¿rentar o restaurar? La parte difícil del ingreso por renta es generar una ganancia a largo plazo. Es tu trabajo aprender cómo financiar múltiples propiedades a la vez, ser capaz de cubrir los pagos de hipoteca con los inquilinos y aumentar tu cartera. Esto te permite crear un mini imperio de bienes inmuebles que puedes usar para llevar un estilo de vida sin preocupaciones. Sin embargo, llegar allí es la parte difícil. Este libro te enseñará cómo obtener tus primeras propiedades para la renta.

Revelación #2: Puedes Comenzar Con $0.

Es posible comenzar a adquirir propiedades con un pago inicial de $0 o de solo algunos pocos miles de dólares. ¿Piensas que necesitas ser millonario para ser un propietario? ¡Error! El ingreso por renta tiene un riesgo mucho menor que el ingreso por restauración, ya que puedes comprar la peor casa y rentarla inmediatamente – no hay necesidad de reparar la propiedad. No tienes que gastar dinero amueblando el interior y puedes obtener financiamiento de inversores privados para comprar tu propiedad para alquiler.

Hay maneras de convencer a financieras de financiar tus empresas de renta a cambio de un pago mensual. Por supuesto, mientras más dinero tengas inicialmente, más dinero podrás conservar en ganancia por renta al final de cada mes. Si tienes un millón de dólares para gastar, puedes comprar múltiples propiedades y comenzar a rentarlas para una ganancia seria. Si no tienes dinero, puedes contactar a inversores privados para financiamiento, o financiar tus propiedades a través de instituciones bancarias. Te mostraremos los métodos más viables para financiar tus propiedades para alquiler con cualquier presupuesto.

Revelación #3: Puedes Recibir Un Pago Cada Semana.

Los inquilinos depositarán pagos en tu cuenta bancaria cada semana o cada mes. Técnicamente, podrías comprar una propiedad y rentarla en el día a día a turistas en Airbnb, si estás dispuesto a lidiar con clientes todos los días. Las propiedades para renta no tienen restricciones en cuanto al tipo de inquilinos que puedes tener. El esquema de renta más seguro es proveer vivienda a la familia Americana promedio que tiene 2.5 niños y un perro. Sin embargo, eso no restringe tu ganancia.

Si tienes una propiedad en una ubicación central con muchas comodidades, podrías cobrar tres veces el promedio del mercado alquilando a turistas. Dependiendo de cuánto tiempo estás dispuesto a pasar lidiando con inquilinos, puedes ajustar tus términos de pago de forma acorde. Si estás dispuesto a lidiar con inquilinos todos los días, podrías cobrar por día. Si quieres un cheque estable depositado en tu cuenta al final de cada mes, puedes rentar a familias. La última opción es más segura pero menos rentable. El único trabajo que tendrías es hacer revisiones cada dos meses y el mantenimiento anual (impuestos de propiedad, pagos de seguro, etc.).

Revelación #4: Hay Trabajo Involucrado.

No te mentiremos – el ingreso por renta requiere cierta cantidad de trabajo. No tendrás que llamar a los contratistas generales ni estresarte todos los días por la propiedad como un restaurador, pero tendrás que hacer las reparaciones ocasionales. ¿Qué sucede si recibes una llamada a las 3 a.m. de un inquilino que tiene una gotera? No puedes decirle "arréglalo tú". Tienes que contratar a un contratista de techos que pueda hacer el trabajo y debes lidiar con el contratista posiblemente por semanas cada vez. Estás legalmente obligado a reparar la propiedad o podrías enfrentar un juicio legal con multas y posiblemente con tiempo de cárcel. Si un inquilino muere como resultado de falta de mantenimiento de la propiedad, la carga está sobre ti.

Cada vez que un problema llega a una de tus propiedades, recibirás una llamada de los inquilinos y esperarán que aparezcas y lo arregles. Es tu deber contratar a los contratistas y asegurarte que las condiciones de vida en tus propiedades están al nivel de los estándares impuestos por tu estado.

Como con cualquier otra proposición de negocios, es posible evitar el trabajo menor. Si deseas desaparecer del mapa, podrías contratar un "administrador" para que haga todo el trabajo de mantenimiento por ti, y puedas navegar hacia el atardecer. Sin embargo, la mayoría de los propietarios viven justo al lado de sus propiedades y asisten a los inquilinos cuando tienen problemas debido a falta de confianza. Los arrendadores más dedicados en ciudades como Nueva York, poseen miles de apartamentos y atienden personalmente las necesidades de los inquilinos.

Revelación #5: Las Cosas Pueden Volverse Personales.

¿Alguna vez rentaste un apartamento siendo joven y batallaste para hacer los pagos? Las personas caen en problemas financieros todo el tiempo, y tus inquilinos no serán la excepción. Ciertos propietarios se niegan a acercarse a sus inquilinos y solo mantienen una relación de negocios en caso de tener que desalojar. Las cosas pueden ponerse feas al lidiar con inquilinos. No olvides que estás lidiando con seres humanos con vidas reales. El padre que te alquila podría no poder pagar la renta luego de ser despedido de su trabajo y la decisión de desalojarlo a él y a su familia pesará en tu conciencia.

Tendrás que tomar decisiones difíciles. ¿Qué sucede si estás lidiando con una madre soltera que está criando a dos bebés y acaba de perder su trabajo por lo que no puede pagar la renta? Puede que ella no se dé cuenta de que tú aún tienes que pagar tu hipoteca. ¿Los sacarás o perdonarás su pago? Tendrás que decidir si los dejarás quedarse o si los desalojarás y harás espacio para nuevos inquilinos. La vida de un propietario no es gloriosa en muchas situaciones, a pesar de cómo es representada en programas de TV. Mientras de más bajo ingreso sean tus unidades de vivienda, más te encontrarás con personas con dificultades financieras.

Te daremos los secretos de un propietario directamente desde la fuente: Te enseñaremos cómo financiar propiedades, cómo encontrar inquilinos y cómo generar un ingreso pasivo con mínimo trabajo. ¡Comencemos!

Capítulo 1 – Entendiendo Las Inversiones En Propiedades De Alquiler

¿Por qué Propiedades para Alquiler?

Joe tiene $150,000 para invertir. ¿Por qué debería enfocarse en propiedades de alquiler en vez de restaurar propiedades? Rentar es un juego totalmente diferente. Las propiedades para renta son para largo plazo. Primero, Joe puede comprar una propiedad y rentarla sin modificar el interior de la casa. También puede comenzar a generar una ganancia garantizada, a diferencia de restaurar una casa que debe quedarse en el mercado por seis meses en promedio. Las propiedades de alquiler son para las personas que quieren dinero a largo plazo y que quieren cosechar grandes ganancias por la depreciación. ¿A cuántos ancianos conoces que compraron una casa por $100,000 en los 80's y que ahora vale más de $1,000,000? Si mantienes tu propiedad por una o dos décadas, está garantizado que el valor se va a duplicar. Mientras tanto, puedes recibir pagos mensuales seguros de parte de inquilinos. Te enseñaremos cómo comprar propiedades, atraer inquilinos, y hacer que paguen tus hipotecas. Por ahora, te mostraremos por qué necesitas invertir en propiedades para la renta.

1) *Apreciación de los Bienes Inmuebles.*

Los precios de las casas en América aumentan. Si compras en una ciudad mediana con crecimiento poblacional, como Austin, Texas, vas a ver retornos inmensos en tan poco como unos cuantos años. Apreciación significa que la propiedad aumentará en valor mientras más tiempo la mantengas. Algunas personas fueron capaces de comprar casas por mucho menos de lo que cuestan actualmente. El promedio de $250,000 de una casa suburbana cercada era de $100,000 en los 90's. ¿Qué nos dice que la casa promedio de $250,000 de hoy no valdrá $500,000 en 15 años? El crecimiento está obligado a suceder – o compras ahora o pierdes la oportunidad a largo plazo.

Incluso si ignoras los pagos mensuales garantizados de cada propiedad, comprar una propiedad en una buena área, significa que tendrás cientos de miles (o incluso millones) a largo plazo. Recuerda, es tuya cuando la compras (no de los inquilinos). Puedes venderla y deshacerte de una propiedad en cualquier momento.

La ciudad y el mercado tienen un efecto en la apreciación. Históricamente, las ciudades más ricas en los Estados Unidos, como Nueva York y San Francisco, experimentan ciclos de apreciación y el apartamento promedio en esas ciudades puede costar más de $1 millón. Sin embargo, no necesitas comprar en el centro de Manhattan para aprovechar la apreciación. Podrías comprar en la parte suburbana de Portland, Oregon e igual verás retornos significativos en 15 años. Las mejores ciudades para invertir son ciudades medianas con un fuerte crecimiento poblacional. ¿Sabes qué ciudades tienen el crecimiento más alto per cápita? No son Nueva York o Los Angeles. Son ciudades medianas con economías florecientes como Seattle, Atlanta, Austin y Charlotte.

Para ser sincero, no harás una cantidad significativa de dinero en los primeros años. Podrías no generar nada de dinero en los primeros 5 años. Sin embargo, doblarás tu inversión en los primeros 10 años incluso si inviertes en el vecindario más promedio de los Estados Unidos. Cualquier área decente con buen acceso a colegios y tiendas sirve. No necesitas algo excepcional y la propiedad no tiene que resaltar. Ve a dar un paseo y notarás que casi todas las casas son casas promedio. Estas incrementan su valor mientras la economía produce más riquezas. Actúa ahora o pierde la oportunidad.

2) *Pago por Parte de los Inquilinos.*

El inquilino tiene que pagarte por el mes – tendrás garantizados $1000-2000 de ganancia mensual por la propiedad promedio. Si aún no lo sabes, la hipoteca promedio tiende a ser menor a $1000, mientras que las rentas por una casa son típicamente más altas. Así es como generas retornos a corto plazo. Si no tienes nada de dinero, puedes generar suficiente para cubrir el pago de una hipoteca y financiar una casa de $150,000. Una vez que seas el dueño, si tu pago de hipoteca es de $900 al mes, puedes rentar la propiedad por $1500 mensual. Esto significa que tu hipoteca estará cubierta y aún tendrás algunos cientos de sobra. El inquilino tiene que pagar todas las facturas y estarán esencialmente pagando tu hipoteca. ¿Qué es mejor que tener pagos garantizados sin hacer nada de trabajo? Solo tienes que pagar la inicial, que es típicamente 20%. Si eso no te convence de comenzar en las propiedades de renta, nada lo hará.

Si tienes dinero de sobra para invertir, te quedarás con todas las ganancias sin hacer pagos de hipoteca. La renta de $1500 al mes irá directo a tu bolsillo y no tendrás que pagarle a los bancos – tus únicos gastos serán el seguro de la casa y los impuestos anuales de propiedad, que raramente pasan del 2% del valor total de la propiedad. Además, tienes otras formas de renta disponibles para ti. Podrías rentar la propiedad por día y cobrar una tarifa más alta por las fiestas como navidad, año nuevo, etc. Esto te permite generar el doble o triple de las ganancias promedio por propiedades en alquiler en tu área. Todas las propiedades se alquilan de inmediato, sin necesidad de hacer ninguna reparación. Los restauradores de casas tienen que invertir decenas de miles de dólares para llevar la propiedad a unos estándares, mientras los arrendadores solo tienen que poner la propiedad en el mercado.

3) Reembolsos de Impuestos.

El servicio interno de ingresos (IRS) piensa que las propiedades en renta no son las más rentables y tienen amortización para todo tipo de propiedad. Los arrendadores pueden alegar "pérdidas" cada año y obtener deducciones en todos sus impuestos por ingresos, lo que les ayuda a conservar más de su ingreso por renta. Las inversiones por renta son seguras según este servicio (IRS) porque la propiedad se aprecia y se deprecia simultáneamente. El IRS cree que las propiedades se deprecian debido al desgaste y al uso, sin embargo, el mercado normalmente está creciendo y el valor de las propiedades tiende a incrementar.

El IRS le da a los arrendadores descuentos bajo un sistema específico de depreciación de propiedades llamado "Sistema General de Depreciación" o GDS. El GDS dice que una propiedad promedio tiene un período de recuperación de 27.5 años, lo que el IRS también considera como el tiempo de vida promedio de una propiedad. El IRS proporciona deducciones de exactamente 3.6% anual en cada edificio que posees. En efecto, los impuestos sobre la propiedad serán más bajos que los descuentos que te corresponden. Usando un simple descuento, puedes pagar los impuestos sobre la propiedad y conservar más de tus ganancias usando los descuentos del GDS.

4) La Inflación Trabaja A Tu Favor.

La inflación aumenta el valor de la propiedad, mientras los pagos de la hipoteca se mantienen igual. Si obtienes un préstamo con cuotas fijas, que es el préstamo más popular, no gastarás un solo centavo más de lo que acordaste inicialmente. Por ejemplo, si pagas $20 mil como inicial en una propiedad de $100 mil, y esa propiedad se aprecia a $200 mil en 10 años, aún deberás solamente $80 mil. En efecto, solo pagas $20 mil para adquirir una propiedad e $200 mil en diez años. La inflación es tu amiga a largo plazo, y la hipoteca con precio fijo te permite pagar solo lo que acoraste inicialmente, en vez del precio inflado de la propiedad luego de que la adquiriste.

Dos Formas de Generar Ganancias con Propiedades de Alquiler

1) Rentas a Largo Plazo

La forma más convencional y segura de rentar es a largo plazo: Rentas a familias o a individuos profesionales que tienen un trabajo y la habilidad de hacer los pagos mensuales. Este es un método de renta a prueba de tontos que requiere compromiso mensual con el inquilino solo cuando estás recolectando la renta. No tienes que aparecer cada semana y revisar que estén bien y solo tienes que encontrarte con ellos cuando vayas a cobrar el alquiler. La renta a largo plazo es lo que debes hacer, porque las familias firman contratos de 6 o 12 meses que son extensibles.

Puedes aumentar progresivamente la renta a medida de que el valor de las propiedades en tu área aumenta, y de que tu vecindario se vuelva más demandado. Por ejemplo, una casa que es alquilada por $1000 este año podría aumentar a $1250 el próximo año. ¿A los inquilinos no les gusta el aumento de la renta? Conseguirás nuevos en una semana. La belleza de rentar propiedades es que múltiples personas están compitiendo por la propiedad y siempre tendrás una piscina de inquilinos viables de donde escoger, incluso en las áreas de más bajos ingresos. Así es como se calcula tus ganancias finales:

2) La Regla del 1% para Rentas a Largo Plazo

La regla del 1% es el cálculo más sencillo que utiliza la gente para estimar la rentabilidad de una propiedad en renta. Puedes estimar la rentabilidad de una propiedad de alquiler incluso antes de comprar la propiedad, lo que te dará un indicador de cuánta ganancia neta tendrás al final de cada mes. La regla del 1% dice lo siguientes: Si la renta bruta mensual es el 1% del precio original de compra, deberías comprar la propiedad. Si la renta mensual antes de los gastos es menos que el 1% del precio original de compra, debes buscar otras propiedades.

Digamos que encuentras una casa en condiciones decentes por $100,000. ¿Cómo sabes si tendrás ganancias al rentarla? Simple: Usa la regla del 1%. La regla del 1% dice que tu renta bruta debe exceder el 1% del precio original de compra. La propiedad tiene que rentarse por al menos $1000 mensual si quieres tener un retorno de inversión (ROI). Bajo esta regla de dedo, una propiedad de $100,000 debe rentarse por $1000 mensual y generar el 12% del precio original de compra en retornos anuales. En este ejemplo en particular, la propiedad de $100,000 debe producir $12,000 en ganancias brutas anuales antes de gastos como seguro de vivienda, impuestos y facturas. Tu ganancia neta debe ser entre 6 y 8% del valor total de la propiedad por año. Esto significa que cuando rentas a largo plazo, debes generar retornos de $6000-8000 anual de ganancias puras en una propiedad de $100,000.

El retorno neto promedio de 6-8% al año es un muy buen trato, pero dependerá de la ciudad y del vecindario. Mientras mejor sea el vecindario, menores serán los retornos por renta. El lado bueno es que un retorno del 6% en una casa de $300,000 es más alto que un retorno de 15% en una casa de $100,000. Los retornos por renta más alto se encuentran normalmente en propiedades baratas y desgastadas, esto es debido a que las propiedades cuestan poco y el precio de renta aún es relativamente alto. En general, deberás obtener un 6% de retorno sólido en buenos vecindarios con muchos inquilinos y un 8-10% de retorno en vecindarios de bajos ingresos con propiedades más riesgosas y que están más propensas al crimen. Cualquiera que elijas, no debes conformarte con menos del 6% en retornos anuales.

3) La Tasa de Capitalización

Los propietarios calculan la tasa de capitalización de la inversión inicial. La fórmula de tasa de capitalización es la siguiente:

Ganancias Netas Anuales/Valor de la vivienda=Tasa de capitalización

Ejemplo:

$8000 / $100,000 = 0.08
En este caso, 0.08 es el resultado que estamos obteniendo, o en términos simples, 8% de ROI. La tasa de capitalización en una propiedad de $100,000 que genera un retorno neto de $8000 al año, resulta en un total de 8%. Si un 8% es un retorno satisfactorio o no por la cantidad de esfuerzo que pones en mantener la propiedad, es tu decisión.

El mismo principio aplica a propiedades con un valor mucho más alto. Por ejemplo, si encuentras buenas propiedades que te den una tasa de capitalización de 8% en una inversión de $500,000, podrías generar un flujo de efectivo significativo que pagaría la propiedad y te daría una vida muy buena. Por otro lado, una tasa de capitalización de 8% podría no valer la pena en un área alta en crímenes que cuesta mucho mantener y tiene pagos de seguro extremadamente altos. En teoría, no necesitas ser rico para financiar una inicial en una casa de $500,000, pero tendrías que ahorrar por algunos años.

4) Alquileres a Corto Plazo

Los alquileres a corto plazo son lo contrario a los alquileres a largo plazo: Son inestables y requieren trabajo constante. Tendrás que lidiar mucho más con clientes de lo que harías con una renta a largo plazo, posiblemente a diario. Cuando lidias con inquilinos a largo plazo, solo tienes que firmar un contrato y revisarlo una o dos veces al mes cuando es momento de cobrar tu cheque o hacerte cargo de alguna reparación. Con inquilinos a corto plazo, tendrás que reunirte con los inquilinos diariamente, limpiar luego de que se vayan y preparar la propiedad para los próximos inquilinos. ¿Qué ganas tú? El precio es significativamente más alto. Si rentas una casa a una familia por $1000 al mes, no requeriría ningún trabajo de tu parte, pero solo tendrás $1000 al final de cada mes. Sin embargo, si rentas la misma casa por $100 al día a clientes en AirBnb, podrías hacer $3000 cada mes, pero tendrías que trabajar y mantener la propiedad cada día.

Los alquileres a corto plazo son la mejor forma si tienes el tiempo y la paciencia para lidiar con clientes a diario. Es una excelente oportunidad para propietarios jóvenes o establecidos que disfruten conocer nuevas personas y socializar. ¿Qué es mejor que ofrecer valor a la sociedad y generar retornos inmensos en el proceso? No estás restringido a alquileres a corto plazo por sitios web como Craigslist y AirBnb. Una vez que posees la propiedad, puedes convertirla en un mini hotel o hostal. Es posible colocar cuatro literas en cada cuarto y convertir la propiedad en un hostal, luego cobrarle a cada inquilino $20 la noche para quedarse allí. Esto puede generar mucho más flujo de dinero que alquilar la propiedad a una familia de cuatro personas. Los alquileres a corto plazo requieren mucho más trabajo que los alquileres a largo plazo, pero los márgenes de ganancia son significativamente más altos.

Desarrollar la Mentalidad Correcta para el Éxito en la Renta de Propiedades

Lo único en lo que están de acuerdo todos los arrendadores es que están en eso por las ganancias. Sin embargo, los motivos individuales para obtener ganancias pueden ser distintos. Algunas personas se convierten en arrendadores para retirarse y vivir el resto de sus vidas en paz. Algunas personas se convierten en arrendadores para escapar de su trabajo de 9 a 5 y ser capaces de sobrevivir sin esclavizarse en un trabajo interminable. Los empresarios que están motivados a volverse ricos, normalmente compran múltiples propiedades y las rentan mientras esperan por un pago alto. Otros se vuelven propietarios por accidente, heredando algunas propiedades y convirtiéndolas en unidades de alquiler. Todos tenemos que lidiar con inquilinos, forzar los pagos y realizar trabajo de mantenimiento agendado. La propiedad no se va a mantener sola y alguien tiene que hacer los pagos de seguro y de impuestos.

La vida del propietario no es un camino recto, y llegamos a él por muchas razones. Si quieres retirarte, tendrás que invertir más en la propiedad porque esta tiene que ser rentable por un periodo extenso como múltiples décadas. Para este propósito, deberías comprar la propiedad más nueva y más costosa posible. Si quieres volverte rico y no planeas mantener las propiedades por mucho tiempo, puedes comprar propiedades medio desgastadas y tener un margen por renta más alto. Los siguientes trucos de mentalidad serán decisivos en tu éxito en el negocio de las propiedades para renta.

1) La Mentalidad del Flujo de Dinero

Lo más esencial de un propietario es desarrollar una mentalidad de flujo de dinero de emergencia. Mientras más rápido reúnas el dinero para comprar la propiedad o para depositar la inicial, más rápido serás capaz de salir de tu trabajo interminable de 9-5 y/o retirarte. Recuerda que nunca tienes que cubrir el precio total de la propiedad y que puedes salirte con la tuya solo pagando el 20%. Si la vivienda para renta cuesta $100,000, solo tendrás que financiar $20,000. ¿Qué tan difícil es ahorrar esta cantidad de dinero en la economía actual? Incluso si vives en el sótano de tu mamá y te pagan un sueldo mínimo, deberías ser capaz de ahorrar $20,000 y hacer un depósito en tu primera propiedad para rentar. No tengas miedo de ensuciarte y hacer los trabajos que pagan mal, porque solo tendrás que hacerlos hasta que puedas financiar tu primera propiedad. ¡Consigue dos trabajos! Mientras más rápido obtengas el dinero, más rápido serás capaz de financiar tus propiedades y crear una nueva vida.

Tu concentración debe estar puesta en adquirir tantas propiedades como sea posible e incrementar el flujo de dinero. Si eres joven y determinado, puedes permitirte hacer rentas a corto plazo y hacer énfasis en incrementar el flujo de dinero para exprimir las propiedades por el máximo monto posible de dólares. Si estás llegando a la edad de retiro, necesitas reunir los fondos de inversión que necesitas para hacer un depósito en propiedades estables que pagarán tu retiro. La mentalidad del arrendador no es solo escoger las propiedades y lidiar con inquilinos, también es tener un sentido de urgencia y reunir el dinero para nuevas propiedades. Mientras más rápido obtengas el capital, más retornos de dinero tendrás para ti.

2) La Mentalidad de Ejecutor

La fea verdad sobre propiedades para alquiler es que tendrás que lidiar con seres humanos reales que podrían no ser capaces de pagar la renta – por esta razón, tendrás que aplicar disciplina y límites para asegurarte de que paguen a tiempo. Esto es especialmente crítico durante los primeros meses cuando te estás estableciendo y cuando perder un solo pago podría significar que tu propiedad esté a una llamada de distancia de ser embargada. Tendrás que aprender cómo hacer que tus clientes paguen a tiempo. En efecto, te estás convirtiendo en un ejecutor que debe hacer cumplir el acuerdo de arriendo.

¿Qué haces cuando un inquilino incumple con un pago? Al inquilino no le importará que tú tengas que hacer pagos de la hipoteca sobre la casa; solo se preocuparán por sus situaciones individuales. Esto es por lo que en el momento en el que incumplan un pago, debes presentar un recordatorio de pago tardío. Este recordatorio debe salir el primer día que no hagan un pago a tiempo. El recordatorio tiene que tener un "período de gracia", que es el tiempo que tienen para pagar antes de recibir una advertencia de desalojo.

Si el inquilino tampoco paga en el período de gracia, debes presentar un aviso de desalojo. El aviso de desalojo notifica al inquilino que la corte civil tomará acciones de desalojo en su contra. Los inquilinos llegarán a ti con historias personales, pero no debes ceder y darles flexibilidad porque continuarán pidiendo más tiempo. Si permites la flexibilidad una vez, sabrán que tu tiempo no es importante. Si al propietario no le importa, ¿por qué los inquilinos deberían pagar a tiempo? Solo acepta la flexibilidad cuando no tengas que hacer pagos de hipoteca o cuando perjudicará tu relación personal con un miembro de tu familia.

3) *La Mentalidad de Disciplina*

Como arrendador no solo debes hacer tareas de mantenimiento mensual en donde saludas a tus inquilinos, revisas la propiedad y cobras la renta. También debes llevar a cabo tareas administrativas anuales y semi anuales que requieren disciplina y planear con anticipación. ¿Qué sucede si te llega una factura de $4000 por una gotera? Necesitas prepararte de antemano. Esto toma disciplina. En vez de gastar tus ganancias netas en cruceros por el Caribe, guárdalos para facturas inesperadas.

Los términos del arriendo deben ser estipulados por un abogado y tener un párrafo mencionando una cláusula para inspecciones semi anuales que te den el derecho a acceder a la propiedad. La propiedad no necesita tener daño estructural para permitir una inspección. El arrendador no debería esperar a que las cosas salgan mal antes de inspeccionar una propiedad. Identificar problemas a tiempo y arreglarlos. Asegúrate de que tus valores son comunicados claramente. Si no toleras que fumen dentro de la propiedad, debes estar preparado para desalojar a un inquilino si detectas humo. Aún mejor, busca un inquilino que no fume mientras firmas el acuerdo.

El mantenimiento regular asegura que la propiedad está bien preservada y que los inquilinos no presenten problemas cuando habiten en ella. La inspección no es solamente para detector daños a la propiedad, sino también mascotas y personas viviendo en la propiedad sin autorización. Mientras haces la inspección, construye una relación personal con tus inquilinos. Siéntete libre de preguntarles sobre sus hijos, trabajos, vidas, etc.

No olvides aumentar la renta cada año cuando expiren los términos del arriendo. Muchos arrendadores se preocupan por aumentar la renta. Si te niegas a aumentarla, tu ingreso quedará detrás del valor del mercado y no le llevará el ritmo a la inflación. Aumenta la renta cuando expire el acuerdo en vez de aumentarlo sorpresivamente en momentos al azar durante al año, lo que asusta a los inquilinos. De esta forma les das la oportunidad de pagar precios de renta más altos o de encontrar una nueva propiedad.

Capítulo 2 – Excelente Ubicación, Excelente Inversión

Ahora que te dimos un breve entendimiento de las inversiones en propiedades para alquiler, es momento de contarte sobre las diferentes clases de bienes inmuebles, cómo puedes evaluar los vecindarios objetivo y cómo puedes identificar los mercados emergentes de bienes inmuebles que pueden generar grandes ganancias.

Clases de Bienes Inmuebles, Dónde Debes Invertir.

Si vas a involucrarte en el mercado de bienes inmuebles, necesitarás familiarizarte con la forma en que las diferentes propiedades son clasificadas o agrupadas. Aunque estas clasificaciones son algo subjetivas y no hay clasificaciones o guías generales para identificar propiedades, podemos ofrecerte algunos lineamientos que deberían ser de ayuda para calificar ubicaciones o edificios específicos. Los bienes raíces son normalmente clasificados o calificados de la misma manera en la que muchos de nosotros éramos calificados en secundaria o en la Universidad, un sistema de calificación con letras. Este sistema de calificación puede ir de A a C, de A a D, o de A a F. Obviamente A es la nota más alta; F es la más baja.

Con bienes inmuebles, la ubicación a menudo recibe una calificación y el edificio recibe otra. Por ejemplo, si tienes un buen edificio en un área mediocre, tendrías un edificio A en un área C. Si tienes un edificio inhabitable en un área cuestionable, tendrías un edificio F en un área D. A continuación, hay descripciones de cómo la mayoría de las personas categorizan las ubicaciones con este sistema de calificación.

Una ubicación A es un área con los edificios más nuevos, los restaurantes más conocidos y las mejores escuelas. Ya puedes imaginar que es el área que tendrá las rentas más altas.

Un edificio A es uno que tiene muy probablemente menos de 10 años de antigüedad. Es posible que estos edificios tengan lo último en encimeras de granito, suelos de madera, etc.

Las propiedades en alquiler en estas áreas A, suelen tener rentas altas, y poca necesidad de mantenimiento. Son inversiones fáciles, sin embargo, también debe aclararse que pueden traer un retorno de inversión menor por la alta demanda y el precio de compra más alto.

La ubicación B es normalmente un área que tiene restaurantes decentes, si bien no los más conocidos o los más costosos. Las escuelas son buenas, pero no son las nuevas escuelas que algunas de las áreas lujosas tienen. El área es hogar mayormente de clase media, con certeza más cuellos azules que las áreas A. Las personas viviendo en las áreas B tienen mucha más posibilidad de estar viviendo un cheque a la vez.

Los edificios en la ubicación B son más viejos, usualmente entre 15 y 30 años de antigüedad. La mayoría de estos edificios han sido actualizados, sin embargo, no con las comodidades de los edificios A.

Como un inversor en propiedades B, encontrarás que tienden a requerir más mantenimiento y atención que una propiedad A. Estas propiedades se rentarán por menos que las propiedades A, pero también son capaces de generarte ganancias más grandes debido al precio moderado de compra.

Las ubicaciones C son ubicaciones marginales, normalmente con 30 años o más de antigüedad. Los edificios C usualmente están desactualizados y anticuados, con necesidad de muchas reparaciones frecuentes. Los edificios C normalmente requieren actualizaciones de plomería y electricidad; estos edificios requieren mucha atención y cuidado. El lado bueno de los edificios C es que a menudo pueden ser adquiridos a un precio muy moderado; el lado malo es la cantidad de dinero que probablemente tendrás que gastar para mantenerlos o actualizarlos.

Las ubicaciones D son áreas dilapidadas, normalmente infestadas de crimen y posiblemente peligrosas. Estas son áreas con muchos edificios vacantes o invadidos. Los edificios son descuidados o inhabitables. A menos que seas un inversor en bienes inmuebles experimentado, probablemente quieras quedarte lejos de invertir en estas áreas. Realmente tienes que saber lo que estás haciendo para ganar dinero de un edificio D en un área D.

Un edificio o ubicación F puede ser identificado como una zona de guerra. Infestadas de crimen y drogas, escuelas que están mal, casas y apartamentos totalmente destruidos, etc. Ya entiendes, nada en lo que debes estar interesado como un inversor en bienes raíces novato.

Cuatro Factores Importantes para Evaluar un Vecindario.

Ahora que hemos mencionado las diferentes clases de bienes raíces, es momento de ver los diferentes factores involucrados en evaluar las ubicaciones o áreas en las que debes invertir. Probablemente lo has escuchado antes…hay tres factores principales en el éxito en bienes raíces: ubicación, ubicación y ubicación. Sí, es un viejo cliché, pero aún aplica. La ubicación es casi siempre el factor más importante en la rentabilidad de tus inversiones en bienes inmuebles.

La mayoría de los inversores nuevos en propiedades de renta, invierten en propiedades que están cerca de donde viven. Hacen esto porque ya están familiarizados con el área, y también porque las propiedades en los alrededores cercanos ofrecen un fácil acceso para muchas de las responsabilidades involucradas en rentar propiedades: Mostrar la propiedad, mantenerla, recolectar la renta, etc. Aunque ser dueño de propiedades en renta en la misma área en donde vives es en su mayoría ventajoso, hay una posible desventaja. Si la economía en tu área decae o se estanca, tendrás todos tus huevos en una sola canasta. Si todas tus propiedades están en un área, todas estarán sujetas a los mismos factores que pueden afectar la devaluación de la propiedad, incluyendo una economía en decadencia, incremento de las tasas de crimen, desastres naturales (inundaciones, tornados y huracanes, terremotos), etc.

Aquí hay algunos de los factores principales para evaluar un área para una posible inversión en propiedades para la renta:

1)   **Tasa de Empleo.** ¿Cuál es la tasa de empleo en el área en la que estás pensando invertir? Eso tendrá un gran impacto en qué tan exitoso quieres ser con una propiedad en alquiler en esa área. Obviamente, si la tasa de desempleo en el área es alta, encontrarás que es un área en donde será difícil encontrar y mantener arrendatarios de buena reputación.

2)   **Tasa de Crimen.** La tasa de crimen en el área también será un factor que definirá si serás capaz de asegurar y mantener arrendatarios. Crímenes mayores como homicidios, asaltos sexuales, atracos, robos y secuestros, con seguridad van a empañar la reputación y la habitabilidad de un área y esos crímenes y la reputación que los acompaña, pueden impactar tu oportunidad de éxito en esa área o ubicación.

3)   **Sistema Escolar.** ¿El área que estás considerando tiene un buen sistema escolar? Si vas a rentar a familias con niños, el sistema escolar en el área podría impactar tu habilidad de rentar una propiedad. Si el área tiene un buen sistema escolar, es probable que encuentres que las personas quieren vivir allí por eso. Por otro lado, si la reputación del sistema escolar del área es poca, puedes notar que las personas buscan mudarse a otro distrito.

4) **Vacante/No Vacante.** ¿El área que estás considerando para propiedades en renta tiene muchas vacantes? ¿o casi ninguna vacante? Esto también será un indicador del posible éxito que podrías tener en el área. Si hay muchas vacantes en tu área, comerciales y residenciales, encontrarás que es mucho más difícil alquilar una propiedad. Y posiblemente notes que las tasas de renta tienen márgenes de ganancia mucho más bajos, ya que el mercado es mucho más competitivo. Si conduces a través de un vecindario y encuentras muchos negocios o casas clausuradas o vacantes, no es una buena señal. Por otro lado, si conduces a través del área y notas que muchas residencias y negocios están siendo remodelados, eso es una señal de que las personas están invirtiendo en el área.

Cómo Identificar un Mercado Emergente de Bienes Inmuebles.

Si vas a invertir en propiedades para renta, querrás buscar mercados de bienes inmuebles emergentes. Hay un número de indicadores seguros de sí un mercado está floreciendo o en declive. Aunque mucha de esta información puede encontrarse en línea, no debes subestimar el valor de encontrar información de estas áreas simplemente visitándolas y reuniéndote con las personas que viven y trabajan allí. Aunque la data y los análisis son importantes cuando se toman decisiones en bienes raíces, nunca debes pasar por alto el "examen de vista" como una parte de tu toma de decisiones.

Una de las cosas determinantes a considerar en tus inversiones en bienes inmuebles, es el crecimiento poblacional del área. ¿El área está creciendo, está estable o estancada, o está decayendo? Obviamente, el crecimiento poblacional y la demanda correspondiente por viviendas es deseable para los inversores en bienes raíces. Más probablemente querrás aferrarte a un área que está creciendo cuando selecciones las áreas en las que quieres poseer tus inmuebles.

Otro factor a considerar es la existencia de hogares en venta. Incluso si parece ser una depresión económica, un incremento en la venta de casas existentes puede ser un fuerte indicador de que el área está emergiendo nuevamente. Como inversor en bienes inmuebles, tienes que estar consciente de que las áreas y los vecindarios a menudo se regeneran a sí mismos, y si puedes llegar a esas áreas temprano en ese proceso, podrás hacer muchas más ganancias de lo que harías si llegas más tarde. Habiendo dicho eso, algunas áreas y vecindarios nunca se regeneran y será importante que identifiques esas áreas mientras decides si invertirás o no en ellas. Las ventas de casas existentes en el área, son un indicador clave de la posible vitalidad del área. Cuando revises estadísticas para cualquier área, es importante notar que necesitarás afinarlas tanto como sea posible. Por ejemplo, si estás buscando hacer una inversión en bienes inmuebles en el área de Atlanta, es importante que refines esa información a un área más pequeña. Atlanta es un área metropolitana grande y hay vecindarios allí que están floreciendo y otros que están batallando en cualquier momento dado. Entonces, necesitarás refinar tu información, buscar un código postal o preferiblemente incluso un vecindario dentro de un código postal.

Tasas de renta en aumento son otro fuerte indicador al buscar un mercado emergente de bienes inmuebles. Si las tasas de renta están incrementando constantemente año tras año, esto indica que el mercado de bienes raíces en el área es sano y un posible objetivo para invertir. Si estás interesado en determinar las tasas de renta en un área dada, el índice de renta de Zillow proporciona información valiosa, incluyendo la media estimada de la tasa de renta de mercado en cualquier región y tipo de vivienda específica.

También, nuevas construcciones en el área son un indicador de que el área es sana desde el punto de vista de bienes inmuebles. El índice de Construcción Residencial, proporcionado por la oficina de censos de los Estados Unidos, contiene información valiosa acerca del número de permisos de edificios que han sido otorgados para un área en particular, y también el número nuevas casas que son comenzadas y terminadas cada mes.

Las tasas de ejecución hipotecaria en cualquier área son otro indicador del potencial de inversión en bienes raíces. Como alguien que se interesa en propiedades para renta, probablemente querrás alejarte de las áreas que tienen tasas de ejecución hipotecaria en aumento.

También, hay factores menos convencionales que pueden indicar si un área es un buen objetivo para invertir. ¿Una compañía grande anunció que se reubicará en el área o que abrirá una sucursal en el área? Si es así, significa que los empleados también se estarán reubicando a esa nueva locación. Algunos de ellos estarán buscando mudarse más cerca de su sitio de trabajo. De cualquier forma, eso es bueno para la economía del área. Por lo contrario, ¿Una compañía grande anunció que dejarán el área? Si es así, la mudanza puede tener un impacto negativo en la economía local.

Otro indicador menos convencional del potencial de bienes inmuebles es determinar el tiempo normal que le toma a una casa ser vendida o rentada. Si el tiempo promedio está por encima de seis meses, esto puede ser un indicador de que el mercado es plano y no es un buen candidato para una inversión actual. Por otro lado, si se están vendiendo o rentando en 30 días, es una muy buena señal y es un indicador de que el área es un buen objetivo de inversión.

Capítulo 3 – Escoger la Mejor Propiedad

Ahora que sabes más acerca de cómo evaluar propiedades y áreas y cómo identificar áreas que son buenos objetivos de inversión, es momento de hablar acerca de cómo escoger los tipos de bienes inmuebles que funcionarán mejor para ti. Esta es una parte importante del proceso, ya que minoristas que quieren ser inversores cometen el error de escoger un área de renta que no encaja con sus intereses o sus personalidades.

Bienes Inmuebles Residenciales para Invertir

Puedes sorprenderte al saber que hay muchos tipos diferentes de bienes inmuebles en los cuales invertir, incluyendo un número de tipos diferentes de bienes inmuebles residenciales:

1)   **Casas individuales de familia.** Estas son el tipo más popular de viviendas para alquiler. Aunque las casas individuales de familia también incluyen otros tipos de viviendas listadas posteriormente (apartamentos, condominios, townhouses, cooperativas, viviendas de lujo, viviendas vacacionales), las viviendas individuales de familia son la categoría más grande de los bienes raíces residenciales.

2)   **Condominios/cooperativas.** Aunque los condominios y las cooperativas son viviendas individuales de familia, son un poco distintas ya que son administradas por una asociación de propietarios. Esta asociación es usualmente responsable por las áreas comunes y las responsabilidades del complejo, incluyendo recolección de basura, paisajismo, mantenimiento de áreas comunes y mantenimiento

exterior frecuente de las unidades individuales. En retorno, la asociación de propietarios recolecta un impuesto de todos los miembros. Si vas a rentar una unidad que está administrada por una asociación de propietarios, tienes que incorporar los impuestos de propietario en la renta que cobres a tus inquilinos.

3) Viviendas Multi familiares. Las viviendas multi familiares son propiedades que incluyen dos o más inmuebles que son rentados por separado. Esto incluye edificios de apartamentos, dúplex o triples. Con algunos inversores en bienes raíces, el dueño vive en una de las unidades y renta las otras. Poseer viviendas multi familiares es ligeramente más complicado que poseer viviendas individuales de familia, ya que el desempeño de la propiedad está basado en el desempeño de cada unidad individualmente. También, debes saber que las viviendas multifamiliares son clasificadas a veces como propiedades comerciales, dependiendo del número de unidades involucradas.

4) Viviendas de Lujo. Las viviendas de lujo son viviendas de la mejor calidad que contienen las últimas comodidades, tecnologías y dispositivos. Estas son propiedades que demandan tasas de renta muy altas. Y son las viviendas más costosas en las qué invertir.

5) Viviendas Vacacionales. Las viviendas vacacionales son alquiladas a menudo por temporadas, con las tasas de renta fluctuando desde altas durante las temporadas altas, hasta bajas durante las temporadas bajas. La mayoría de las viviendas vacacionales están ubicadas en áreas turísticas. Áreas en Texas, Florida y Arizona tienen muchas viviendas vacacionales en donde acomodar a personas que viven en climas fríos, personas de las áreas al norte de los Estados Unidos que están tratando de escapar del clima frío de los inviernos. Los inversores también poseen viviendas vacacionales a lo largo de las costas en varias ubicaciones. Otros tienen viviendas vacacionales cerca de destinos turísticos como Disney World. Y casas del lago en las áreas del norte del país como Minnesota, Michigan y Wisconsin, también pueden ser buenas inversiones. Una de las ventajas de poseer una propiedad vacacional es que los dueños pueden usar a menudo esas propiedades para sus propias vacaciones o escapadas y luego rentar la propiedad por el resto del año.

Tipos de Bienes Inmuebles Comerciales

Los bienes raíces comerciales cubren muchos tipos diferentes de bienes raíces, todo desde edificios o espacios de oficinas individuales a rascacielos enormes, aeropuertos, estadios, parques de diversiones y centros comerciales. Como un novato en bienes inmuebles, vamos a suponer que estás más cerca de los inversores con menos dinero, pero debes saber que casi todos los tipos de bienes inmuebles comerciales que estamos listando, incluyen propiedades tanto grandes como pequeñas. Debido a los costos involucrados, los bienes raíces comerciales normalmente son un juego de grandes ligas. De la misma forma, la mayoría de los acuerdos de arriendo comerciales son más largos que los acuerdos residenciales, debido a que los espacios son normalmente construidos en el edificio o propiedad para los inquilinos.

1)   **Espacio de oficina.** Esta es la propiedad comercial más común. El espectro del espacio de oficinas va desde propiedades con un solo inquilino hasta rascacielos y complejos de oficinas que son hogar de cientos de inquilinos y miles de sus empleados. Como en las propiedades residenciales, las propiedades comerciales son clasificadas con niveles de calificaciones (A, B, C). Los bienes inmuebles comerciales de clase A consisten en edificios nuevos o recientemente restaurados extensivamente. Normalmente están en áreas excelentes y por lo general son administrados por compañías profesionales de administración. Los bienes raíces comerciales de clase B son la clase más popular para inversores. Normalmente son edificios ligeramente más viejos que requieren algo de inversión de

capital para reparaciones menores o actualizaciones. Las propiedades comerciales de clase C son a menudo edificios viejos que son objetivo de renovaciones mayores o remodelaciones. Los que invierten en propiedades de clase C, generalmente pueden esperar inversiones importantes de capital para actualizar la propiedad y hacerla comercializable a los inquilinos. Las tasas de vacantes son usualmente mucho más altas en propiedades de clase C, y estas propiedades son mucho más difíciles de rentar.

2)   Minoristas. De nuevo, el espectro es gigante, va desde una tienda de impresiones que podría tener dos o tres empleados, hasta un restaurante o banco que podría tener 50 empleados, o un centro comercial inmenso que podría tener miles de empleados. Las propiedades minoristas a menudo están ubicadas en áreas urbanas o en distritos de negocios. La mayoría de los centros comerciales pertenecen a grupos grandes de inversión, pero del otro lado del espectro, algunas locaciones minoristas más pequeñas pertenecen a una pareja o a una familia de inversores.

3)   Industrial. Las propiedades industriales van desde instalaciones de manufactura hasta instalaciones de almacenamiento. A menudo requieren grandes espacios para colocar áreas de puerto para los envíos que entran y salen. Estas propiedades industriales normalmente son más bajas en renta y más bajas en áreas de tráfico, ya que son negocios de más bajo perfil que no requieren bienes inmuebles de primera.

4)   Multi familiares. Esto incluye locaciones residenciales que tienen al menos cuatro unidades. También incluyen grande complejos de apartamentos y complejos de condominios de alto alcance. Muchos inversores en propiedades residenciales que quieren empezar en bienes raíces comerciales, escogen comenzar invirtiendo en propiedades multi familiares como edificios de apartamentos que pueden acomodar desde cuatro hasta una docena de inquilinos. Como discutimos los bienes raíces en este capítulo, debemos aclarar que los acuerdos de arrendamiento residenciales son usualmente mucho más cortos que los comerciales. La mayoría de los arriendos residenciales tienen términos para seis o 12 meses. La mayoría de los alquileres comerciales van desde 3 a 20 años, dependiendo del edificio y de los negocios. Los arriendos comerciales son normalmente más largos porque el dueño usualmente tiene que hacer arreglos al edificio para que encaje el negocio del inquilino. Y cuando el inquilino se va, el edificio o espacio generalmente tiene que servir a otro propósito o ser remodelado para encajar con el siguiente inquilino.

5)   Propósito especial. Así como acabamos de mencionar cambiar el propósito, también debemos mencionar los bienes inmuebles comerciales con propósitos especiales. Esto es generalmente un edificio construido para un propósito único o especial y que a menudo no puede cambiarse sin hacer muchas renovaciones. Negocios como autolavados, escuelas e instalaciones de almacenamiento son considerados locaciones de propósitos especiales. Por ejemplo, si eres dueño de una propiedad y estás rentando a un inquilino que tiene un autolavado, no será fácil cambiar el propósito de ese edificio si el inquilino se va. Tendrás que arrendar a otro inquilino que quiera utilizar las instalaciones como un autolavado o tendrás que prepararte para hacer remodelaciones o renovaciones mayores para el siguiente inquilino. Por eso es que los arriendos de edificios para propósitos especiales normalmente son mucho más largos que para cualquier otro tipo de bienes raíces.

Y mientras discutimos los bienes inmuebles comerciales con propósitos especiales, también debemos mencionar las urbanizaciones de diversos usos. Estas urbanizaciones se han vuelto extremadamente populares en los últimos años, mayormente en áreas urbanas. Un ejemplo de una urbanización de usos diversos sería un complejo de apartamentos de múltiples pisos con uno o varios negocios en la planta baja. Ese negocio podría ser un restaurante de pizza, un club de salud, o incluso un supermercado. Generalmente, el negocio ubicado en la planta baja del complejo es una ubicación minorista que puede beneficiarse financieramente de los inquilinos de arriba. De forma similar, las grandes compañías tienen edificios de usos diversos en donde las oficinas constituyen una gran parte del espacio, pero también rentan el espacio restante a otros negocios minoristas que se pueden beneficiar del gran número de empleados. Como un ejemplo, una compañía grande en la industria de electrónicos tiene un campus con múltiples edificios y miles de empleados. Permiten que ciertas compañías minoristas renten espacio dentro de su edificio, incluyendo compañías de café, tintorerías, club de salud, y una oficina médica. La idea es que no solo estos negocios puedan beneficiarse del gran número de empleados de la compañía, sino que la compañía también está haciendo las cosas más convenientes para sus empleados que ya no tienen que dejar las instalaciones para hacer algunas de sus diligencias o actividades.

6)	**Ocupado por el dueño.** Algunos inversores en bienes raíces compran propiedades con la intención de usarlas para sus propios propósitos. Algunos de estos inversores usan una porción del espacio para ellos y rentan el resto a inquilinos. Esta estrategia puede ser aplicada a muchas de las opciones de bienes inmuebles comerciales antes discutidas.

La Regla del 1% para Invertir en Bienes Inmuebles

Anteriormente mencionamos la regla del 1%. Mientras considera qué inversiones en bienes raíces hacer, necesitarás algún tipo de herramienta de medida para determinar cuánta renta necesitarías cobrar por una propiedad, comercial o residencial. Necesitarás asegurarte que la renta que les estás cobrando a tus inquilinos al menos cubre todos tus gastos por la propiedad, con suerte más, para que puedas tener una ganancia. Después de todo, la mayoría de nosotros no pretendemos comenzar en bienes raíces como un hobby, la mayoría de nosotros estamos buscando generar ganancias. La regla del 1% para invertir es una forma de determinar cuánta renta necesitarás cobrar por cualquier propiedad en alquiler en la que inviertas. Así es como funciona. (Discúlpanos por ser un poco redundantes, pero es totalmente imperativo que tengas una herramienta de medida del monto de la renta que necesitarás cobrar para producir ingresos a partir de la propiedad).

Con la regla del 1%, simplemente multiplicas el precio de compra de la propiedad por 1% para determinar el nivel base de la renta mensual que necesitarás cobrar. Por ejemplo, si compras una propiedad por $300,000, multiplicas eso por 1% para obtener una tasa base de $3000. Esos $3000 serán la base con la que debes trabajar al determinar el nivel de renta para un inquilino. Por favor entiende que ese es solo el nivel base y que necesitarás también considerar otros gastos para la propiedad, incluyendo cosas como seguro, impuestos y mantenimiento. El mantenimiento puede incluir cosas como recolección de basura, servicios de limpieza, remoción de nieve y paisajismo. Esos gastos también deben ser tomados en cuenta cuando determines tu nivel de renta, y tu punto de ganancia.

Obviamente, la renta o rentas que estás cobrando necesitan cubrir tus pagos de hipoteca (a menos que en verdad estés invirtiendo en bienes inmuebles como una caridad o un hobby). Si la propiedad en la que estás interesado requerirá reparaciones o renovaciones mayores antes de poder ser rentada, necesitarás añadir esos estimados de costos al precio de compra antes de calcular el 1%. Por ejemplo, si la propiedad de $300,000 en la que estás interesado requerirá una reparación del techo de $20,000 antes de poder salir al mercado, añadirás esos $20,000 antes de calcular el 1%. Como un inversor, idealmente debes buscar un préstamo hipotecario con pagos mensuales que sean menores al 1% que ya calculaste.

Nuevamente, hay muchos otros factores que considerar al evaluar el potencial de ganancia de una propiedad, pero la regla del 1% al menos te da una base para comenzar a determinar qué nivel de renta necesitas cobrar y qué tipo de pagos de hipoteca debes buscar al comprar la propiedad.

Preguntas Esenciales que Tomar en Cuenta Cuando Evalúas una Propiedad

Invertir en bienes inmuebles para rentar es una consideración muy importante y necesitarás asegurarte de hacerte las preguntas correctas cuando evalúes cualquier propiedad. Aquí hay algunas preguntas que deberías hacerte cuando consideres comprar propiedades para la renta:

1)   **¿La ubicación es una inversión sólida?** Como mencionamos antes, la ubicación puede ser el factor principal en la rentabilidad de una propiedad. Cuando se evalúa una ubicación hay un número de cosas a considerar. ¿La ubicación está cerca de comodidades que tus posibles inquilinos van a requerir? Si estás planeando rentar a familias jóvenes con niños, instalaciones cercanas como buenas escuelas, supermercados, gimnasios y restaurantes van a mejorar tu inversión. Si estás planeando rentar a ciudadanos mayores, instalaciones cercanas como supermercados, oficinas médicas, clínicas y clubes de salud serán atractivas para los posibles inquilinos. Si estás pensando rentar a estudiantes universitarios, sitios cercanos como bares, restaurantes y gimnasios, pueden aumentar el atractivo de tu propiedad. Otra cosa a considerar en la ubicación es si el área posee una piscina de posibles inquilinos suficientemente grande. Por ejemplo, si tienes una propiedad exclusiva en un área en donde los que residen son mayormente trabajadores de clase media, puedes tener dificultades al rentar esa propiedad. Si tienes una propiedad clase C con una renta baja en un área que es de residentes en su mayoría exclusivos, puede ser difícil rentar. Entonces, asegúrate de que tu ubicación encaja con la piscina de posibles inquilinos que tienes de objetivo. Si te puedes asegurar de eso, también asegurarás

tener un ingreso constante por renta durante el tiempo que poseas la propiedad.

2)   ¿La propiedad es funcional? Si no, ¿qué se necesitará para hacerla funcional? Está bien comprar una propiedad que necesite reparaciones, incluso reparaciones mayores. Sin embargo, antes de comprar esa propiedad, tendrás que determinar cuánto costará y cuánto tiempo tomará hacer que la propiedad sea funcional. Los inversores novatos se caracterizan por subestimar los costos involucrados en arreglar una propiedad. Hemos escuchado a algunas personas diciendo que, si estás estimando los costos y el tiempo de una propiedad, simplemente debes tomar cualquier monto que obtengas y duplicarlo. Ellos viven del mantra: "Si algo puede salir mal, saldrá mal". Entonces, si calcularon que los costos de renovación serán $20,000, pensarán que podrían terminar gastando hasta $40,000 en la renovación. Si calcularon seis semanas para hacer la renovación, estarán conscientes que podría tomar hasta tres meses si las cosas no salen como lo planearon.

Cuando evalúes la propiedad en la que estás interesado, tendrás que determinar qué cosas puedes reparar tú mismo y para qué cosas necesitaras buscar contratistas. Y, obviamente, también tienes que calcular los costos de materiales para cualquier renovación. Esto puede ser un proceso algo complicado; por eso es que muchos inversores novatos en bienes raíces de renta, solo optan por comprar propiedades que no requieren renovaciones importantes. Toman la actitud de que al menos tienen un mejor indicador de en qué se están metiendo en cuanto a costos. Si no tienes experiencia renovando propiedades, es más posible que te encuentres con sorpresas costosas cuando estés arreglando un inmueble.

También, debes saber que cuando nos referimos a una propiedad funcional, también nos referimos a una propiedad que es fácilmente rentable a inquilinos y que es segura para ellos. Si estas cosas no están sucediendo, limitarás tu habilidad de rentar la propiedad o puedes poner en peligro a un inquilino, hasta el punto en donde estás poniendo en riesgo su seguridad o arriesgándote a una seria acusación de seguro en tu contra. Por ejemplo, si tienes un techo que gotea, eso seguramente impactará tu habilidad de rentar la propiedad, o incluso, si la rentas, puede comprometer tu habilidad de continuar rentándola. O, si tu techo está completamente destruido, podrías poner en peligro la seguridad de un inquilino.

3) **¿Cuánto costará mantener la propiedad?** Al evaluar la viabilidad o la posible rentabilidad de una propiedad para alquiler, necesitarás determinar también cuánto costará mantenerla. Por ejemplo, si eres dueño de un pequeño complejo de oficinas, probablemente tendrás que pagar por paisajismo y recolección de basura. Si tienes áreas comunes en el edificio, tendrás que pagar por servicios de limpieza, incluyendo mantenimiento de baños. Si estás en un área norteña, probablemente tendrás que pagar por remoción de nieve. Todos estos costos de mantenimiento tendrán un impacto en la rentabilidad de tu propiedad de alquiler. Debes notar que puede haber más costos involucrados en unas propiedades que en otras. Por ejemplo, si estás rentando una propiedad vacacional que tiene inquilinos frecuentes, tendrás que pagar más frecuentemente para preparar la propiedad para los nuevos inquilinos. Si estás rentando una propiedad para estudiantes universitarios que podrían usarla para hacer fiestas, podrías tener que pagar más en costos de reparación cuando te prepares para nuevos inquilinos. ¿La propiedad está cerca de donde vives o trabajas? ¿Estarías dispuesto a hacer cualquier reparación menor o necesitarás contratar a una empresa de administración para que se ocupe de esas reparaciones? Esas son todas las cosas en las que debes pensar cuando estés evaluando la viabilidad de una propiedad para renta.

Además de reparaciones y costos de rutinas de mantenimiento, debes hacerte algunas otras preguntas respecto a la viabilidad de la propiedad. ¿Cuáles son los impuestos esperados sobre la propiedad? ¿Los costos de seguro proyectados? ¿Cuál es la tasa de vacantes para el área en donde está ubicada la propiedad? ¿Cómo cubrirás los gastos de vacantes? ¿Tendrás un fondo separado preparado para eso o tendrás que pedir dinero prestado? (Esperemos que no). ¿La renta que tendrás que cobrar por la propiedad es competitiva con las tasas cobradas por propiedades similares en el área? ¿La propiedad está ubicada en un área floreciente? ¿En un área en declive? ¿Hay algún cambio próximo en el área que impacte la economía? (por ejemplo, una compañía importante llegando o dejando el área) ¿Hay algún metro u otro medio de transporte importante que se ubicará en el área? ¿O algún estadio deportivo? Esto puede afectar la disponibilidad de estacionamiento en el área y hacer que la propiedad residencial sea menos deseable. Por otro lado, también ofrece más oportunidades para bienes raíces comerciales para nuevos restaurantes, bares y hoteles.

Comprar una propiedad de inversión puede ser complicado. Lo bueno es que las propiedades para renta también pueden ser muy rentables. Pero querrás asegurarte de hacerte todas las preguntas necesarias antes de invertir en cualquier propiedad. Calcular mal cualquiera de estos factores podría hacer la diferencia entre ser rentable o perder dinero en tu inversión.

Capítulo 4 – Financiando tus Propiedades para Alquiler

Hemos estado hablando acerca de por qué tener propiedades para rentar es una buena idea, los diferentes tipos de inversiones en propiedades para renta y las cosas a considerar cuando se escoge una propiedad para alquilar. Ahora es momento de decirte las formas en las que puedes financiar una propiedad para alquilar. Hay múltiples formas de hacer esto, incluyendo algunas formas para los inversores principiantes que entran al mercado.

Hackeo de Casas: Genera Dinero y Vive Gratis

Algunos de ustedes pueden no estar familiarizados con el término "hackeo de casas", entonces, antes de explicar cómo hacerlo, debemos explicar qué es. El hackeo de casas involucra la renta o arriendo de propiedades ocupadas por el dueño a inquilinos, como esfuerzo para subsidiar los costos de estadía para el dueño. El hackeo de casas es especialmente popular entre inversores jóvenes y solteros. Así es como funciona. Una persona compra una casa (o ubicación de oficina) con la intención de vivir en esa vivienda. Alquilan la casa a uno o más ocupantes y usan el ingreso por renta para subsidiar o financiar los costos de la propiedad. Por ejemplo, un recién graduado universitario opta por comprar una casa inicial y luego compartirla con dos compañeros de cuarto. Su pago de hipoteca es de $1100 al mes y le cobra a cada uno de sus compañeros $600 al mes para cubrir los costos de su hipoteca y algunos costos adicionales de la casa, incluyendo agua y electricidad. En esencia, el recién graduado es capaz de vivir en una casa gratis y, al mismo tiempo, hacer que sus inquilinos paguen por la equidad que acumula en la vivienda.

La ventaja para los compañeros de cuarto es que pagan menos para vivir en esta casa de lo que pagarían para rentar un apartamento de una habitación. Al mismo tiempo, tienen más espacio y posiblemente más comodidades de lo que tendrían en un apartamento de una habitación.

La posible desventaja para el dueño es que tiene que compartir su espacio de vida y podría preferir más privacidad. (Por el otro lado, podría disfrutar la compañía). Como la mayoría de nosotros que hemos compartido un área de vida, sabemos, el arreglo de convivencia funciona mucho mejor si las partes son compatibles. También, podría haber algunos riesgos de seguridad si le rentas a un extraño. Escuchamos una historia de un hombre que compartía su casa con un compañero, solo para llegar a la casa un día y ver que todas sus pertenencias habían desaparecido.

También debemos resaltar que el hackeo de casas no siempre involucra compañeros de cuarto. No es inusual para algunos hackers de casa el comprar dúplex o triples, viviendo en una de las unidades y luego rentando las otras unidades a otros. Esto le permite al dueño tener mucha más privacidad de la que tendría compartiendo una unidad con compañeros de cuarto.

Repasemos los beneficios del hackeo de casas:

1)   **Puedes disminuir o eliminar tus gastos de vivienda.** Como todos saben, para la mayoría de nosotros, el gasto de vivienda es usualmente nuestro gasto más grande del mes. Las estadísticas muestran que los estadounidenses gastan alrededor del 40% de su ingreso en vivienda. Con el hackeo de casas, serás capaz de reducir substancialmente o eliminar esos gastos. Y para los recién graduados de la universidad que están viviendo con sus padres, el hackeo de casas también ofrece más independencia que la que tendrías viviendo con ellos.

2)   **Aumenta tu ingreso, ahorros.** Muchas personas ven la etapa

de hackeo de casas como una transición o etapa temporal que les permite trabajar por su propia independencia financiera mientras pagan préstamos estudiantiles o de carros o ahorran dinero para la siguiente casa luego de la vivienda inicial. Alunas personas usan el hackeo de casas mientras trabajan por una segunda propiedad de inversión, otros simplemente usan el dinero para pagar unas buenas vacaciones.

3)   Obtener algo de experiencia como arrendador. Vivir con inquilinos te permitirá comenzar en el mundo de ser un arrendador. Escuchando los deseos, necesidades y preocupaciones de los inquilinos, obtendrás una idea de cómo es ser un arrendador. También tendrás una idea de las cosas que pueden salir mal para un propietario (goteras, inquilinos que pagan tarde, el refrigerador deja de funcionar, etc.). Cuando se requieren reparaciones, aprenderás a resolver problemas, ya sea reparando las cosas por ti mismo o contratando a alguien que haga las reparaciones por ti.

4)   Poseer propiedad. Como un hacker de casas, establecerás pertenencia sobre la propiedad. Al mismo tiempo, el valor de tu inversión puede ir escalando y cuando vayas a vender la propiedad, cosecharás los beneficios del valor aumentado.

Formas Creativas de Financiar tus Propiedades para la Renta

La forma convencional de comprar una propiedad para la renta es ahorrar para el pago inicial y luego conseguir una hipoteca para cubrir el resto del monto. Sin embargo, hay otras formas en las que puedes financiar la compra de una propiedad para la renta.

1)   Hackeo de Casas. Como se explicó antes, el hackeo de casas es una forma popular de financiar tu primera propiedad para la renta.

2)   Financiamiento del Vendedor. Algunos Vendedores están dispuestos a prestar dinero para la compra de su propiedad. Algunos de ellos están dispuestos a prestar el monto total de la compra; otros están dispuestos a prestar el monto de la inicial. Si puedes hacer esto, puedes encontrar que es un proceso mucho más sencillo y con menos papeleo que un préstamo bancario. Como alguien que está comprando la propiedad, quieres asegurarte de que estás recibiendo una tasa de interés justa. A menos que seas muy experimentado en comprar propiedades de bienes raíces, sería muy aconsejable que consultes con un abogado para iniciar esta compra. Y cualquier cosa que hagas, asegúrate que tengas tu acuerdo por escrito. Para muchos de ustedes, está sería una de las compras más grandes de su vida y con certeza quieren asegurarse que está propiamente documentada.

Discutiendo el financiamiento del vendedor, debes saber que muchos vendedores no promocionan que ofrecen financiamiento. Si realmente estás interesado en financiamiento del vendedor como una opción, debes preguntarle al vendedor si están dispuestos a ofrecerlo. Es posible que el vendedor no haya pensado antes en eso y puede ser que están tan interesados en vender la propiedad que estarán dispuestos a ofrecerte financiamiento con una buena tasa.

3)   Asociaciones. Si no tienes suficiente dinero para el pago de una inicial, podrías conseguir un socio para tu compra. ¿Tienes un amigo o un miembro de tu familia que estaría dispuesto a asociarse contigo en la compra de una propiedad para la renta? Aunque puedes estructurar un acuerdo de sociedad de la forma que quieras, debes saber que en muchos acuerdos de sociedades en bienes raíces, uno de los socios hace el pago inicial, y el otro socio maneja todos los deberes del arrendador, incluyendo recolectar la renta, hacer reparaciones, interactuar con los inquilinos, etc. En esencia, la persona haciendo el pago inicial, es generalmente un socio silencioso. A cambio del pago de la inicial, los dos socios acuerdan repartir las ganancias provenientes del ingreso por renta y también cuando la propiedad es vendida. De nuevo, estos acuerdos de sociedad pueden ser estructurados de cualquier manera que tú y tu socio quieran, pero el principio básico de la sociedad es que un socio proporciona los fondos mientras que el otro hace el trabajo.

Muchas sociedades son compañías de responsabilidad limitadas (LLC) en las cuales puedes representar específicamente tu acuerdo y los roles correspondientes de cada parte. Una LLC es muy buena ya que también protegerá tus activos personales en el evento en el que tu negocio o sociedad sean demandados. Como recomendamos anteriormente en cuanto a financiamiento del vendedor, todos los acuerdos de sociedades deben estar por escrito. Los acuerdos verbales y darse la mano no son aconsejables para una compra tan grande. Si no tienes una relación con un abogado que pueda iniciar una LLC o un acuerdo de sociedad, hay compañías como Rocket Lawyer o LegalZoom que están disponibles en línea para ayudarte a redactar acuerdos legales sencillos.

4) **Programas del Gobierno.** Puede que no estés familiarizado con la FHA, Administración Federal de Viviendas. La FHA ofrece préstamos razonables para propiedades ocupadas por el dueño, incluyendo dúplex, triples y cuádruples o edificios de apartamentos de cuatro unidades. La tasa del préstamo de la FHA es muy razonable entre 3-1/2%. Los límites de préstamos de la FHA son diferentes para cada país, entonces, si estás interesado en el financiamiento de la FHA, te sugerimos que averigües cuál es el límite de préstamo en tu país antes de vayas demasiado lejos en tu búsqueda de propiedades de renta para invertir.

5) **Cuentas de Jubilación.** Si eres un poco mayor y tienes alguna cuenta de jubilación de la que puedas sacar dinero, esta es otra buena forma de financiar la compra de una propiedad para la renta. Si tienes una cuenta IRA (Cuenta Individual de Jubilación), no estás restringido a activos tradicionales como mercados de acciones o fondos mutuos. También se te permite invertir esos fondos en activos no tradicionales, incluyendo propiedades para renta. Nuevamente, vamos a sugerir que consultes con un profesional en usar los fondos de una cuenta de jubilación para una compra de bienes inmuebles, ya sea un planeador financiero o un contador público certificado. Comprar una propiedad para renta es un negocio serio y no debes tratar de hacerlo sin el consejo de un profesional, a menos que tengas experiencia haciéndolo.

Comienza a Ahorrar Ahora Mismo para el Pago de una Inicial

Como alguien que ya ha leído tanto de este libro, parece que tienes un interés sincero en comprar y poseer una propiedad para la renta. Habiendo dicho eso, podrías estarte preguntando cómo vas a acumular el monto que necesitas para realmente comprar la propiedad. En este capítulo, hemos presentado algunos pensamientos simples de cómo puedes ahorrar suficiente dinero para hacer el pago de una inicial. La mayoría de estas ideas son técnicas de planeación financiera que pueden ser exitosas para cualquiera que esté buscando ahorrar suficiente dinero para cualquier compra en particular.

1)   **El Plan del Porcentaje.** Usando el plan del porcentaje, te animamos a primero determinar dónde gastas todos tus ingresos normalmente. Sugerimos que detalles todos tus gastos fijos u obligatorios de los últimos 90 días. Los gastos obligatorios o fijos son los que tienes que hacer e incluyen cosas como renta, servicios, préstamos estudiantiles y de vehículo, comida, gasolina, televisión por cables, servicios de internet, teléfono, etc. Estos pagos son fáciles de registrar, ya que tendrás recibos de la mayoría de ellos. Aunque algunos de estos pagos pueden variar ligeramente de un mes a otro (por ejemplo, tu factura de la electricidad podría ser de $60 un mes y

$70 otro mes), deberías tener suficiente información para saber cuál es tu promedio de gastos mensuales. Luego pondrás todos esos gastos obligatorios o fijos en una categoría y te moverás a la siguiente categoría, a la que llamaremos gastos a discreción.

Los gastos a discreción cubren el resto de los gastos que no son necesarios – cosas como un club de salud o membresía del gimnasio, el café diario de Joe que compras en el café de tu vecindario, gastos de bar/restaurante/entretenimiento, viajes de fin de semana y vacaciones, etc. Luego de que hayas listado todos los gastos a discreción que recuerdes, debes revisarlos y ver si alguno de ellos puede ser eliminado sin destruir severamente tu estilo de vida. ¿Estás utilizando tu membresía del gimnasio? ¿Puedes vivir sin la taza diaria de café del café del vecindario? ¿Realmente necesitas comer en restaurantes tres veces a la semana? ¿Puedes vivir sin un viaje de fin de semana? ¿Realmente necesitas el paquete Premium de TV por cable o puedes vivir con el paquete básico y menos costoso? Listando todos tus gastos a discreción de los últimos 90 días, serás capaz de ver cómo estás gastando tu dinero. Si puedes eliminar o reducir cualquiera de tus gastos a discreción, deberías ser capaz de colocar esos fondos en los ahorros para la inicial de una propiedad para renta.

Luego de que totalices tus gastos fijos y determines cuáles deberían ser tus gastos a discreción, debes calcular qué porción de tu ingreso corresponde a cada una de estas categorías. La mayoría de las personas encuentra que los gastos fijos son entre 50 y 70 por ciento de su ingreso. Tus gastos fijos son en su mayoría no negociables. Quizás puedes cortar un pequeño monto de tu paquete de TV por cable dejando algunos de los canales Premium. Quizás puedas compartir el viaje en carro o hacer tus diligencias desde casa para ahorrar en gastos de gasolina. Pero en su mayoría, tus gastos fijos son lo que son.

Tus gastos a discreción son exactamente eso…son a discreción. Debes determinar exactamente cuáles de esos gastos son indispensables para ti y cuáles puedes eliminar o reducir. Luego de que hayas determinado el monto que quieres asignar mensualmente para actividades a discreción, debes ver qué porcentaje de tu ingreso representan estos gastos. Y luego ver cuánto queda para ahorros.

Algunas personas terminan con un plan de 70/20/10. (70% fijos, 20% a discreción, 10% ahorros). Otros terminan con un plan de 50/30/20. Haz lo que funcione mejor para ti, sin embargo, lo importante es la categoría de ahorros, ya que usarás esos fondos para hacer el pago inicial de tu propiedad para la renta.

Estableciendo un límite mensual para tus gastos a discreción, serás capaz de ahorrar un acumulado de fondos necesario para comprar tu propiedad para alquiler. ¿Gastas impulsivamente? Si es así, eres el tipo de persona que podría tener más dificultad controlando tus gastos a discreción. Si este es el caso y necesitas ayuda controlando tus gastos mensuales, hay aplicaciones que pueden a ayudarte con eso.

Mint es una aplicación popular que te puede ayudar con tus gastos a discreción alertándote cuando estas acercándote al límite mensual que le asignes. Cuando te llega una "advertencia" de que estás cerca del límite, quizás eso pueda ayudarte a no hacer tantas compras en Amazon o en Starbucks.

Nuevamente, no hay reglas establecidas en cómo construir tu propio plan de porcentaje de ingresos. Lo que sea que funcione para ti está bien, mientras estés separando un monto mensual que necesitarás para el pago inicial de tu propiedad para alquiler.

2)   **Ingeniería Inversa.** Otra forma en la que puedes determinar cuánto tiempo te tomará ahorrar para el pago inicial de tu propiedad para renta es trabajar hacia atrás utilizando ingeniería inversa. Haciendo eso, primero determinas el precio aproximado de la propiedad que buscas. Para propósitos de este ejemplo, usaremos $100,000 como el número con el que trabajaremos. Notamos que este número puede ser extremadamente bajo para algunas áreas en el país, pero es un número sencillo con el que trabajar, especialmente para los

que no son muy buenos en matemáticas. Ja. Entonces, si, por ejemplo, estás pensando comprar una propiedad de $100.000, sabes que tendrás un pago inicial de 20% en esa propiedad ($20.000). Además del pago inicial, tendrás costos de cierre que normalmente están entre el 1 y el 2% del pago inicial. También necesitarás un fondo de contingencia de quizás otro 1-2%. Para los propósitos de este ejemplo, mantengámoslo simple y listemos los costos de cierre y de contingencia/emergencia en $2000 cada uno. Entonces, sumado a los $20.000 del pago inicial, necesitarás aproximadamente $24.000 para comprar una propiedad de $100.000. Si quieres comprar la propiedad para renta en dos años, tienes que dividir el monto total de $24.000 entre 24 meses. Esto te mostrará que necesitas ahorrar $1000 al mes para alcanzar tu meta de ahorros de dos años. Si esto es muy ambiguo, siempre puedes cambiar tu plan de ahorro de 24 a 30 o 36 meses. O puedes tomar la decisión de buscar propiedades menos costosas. De nuevo, no hay una prescripción establecida para cómo establecer un plan de ahorros. Tendrás que decidir lo que funciona mejor para ti o con lo que puedes vivir. La meta de este plan de ahorros es simplemente calcular y determinar cuánto tomará acumular los fondos para comprar la propiedad para alquiler y luego poner el plan en acción.

3)   **Automatizar Tu Presupuesto.** No es un secreto que la falta de fuerza de voluntad es el desalentador más común de cualquier presupuesto. Te propones controlar tus gastos al principio del mes y luego de unos días encuentras el sweater firmado de la liga Nacional de Fútbol que has estado buscando en eBay, o el bolso de diseñador que has estado buscando en Amazon. Hasta allí llegó el presupuesto que estableciste al comienzo del mes. Han pasado cinco días y pasaste tu límite de gastos a discreción. Si este eres tú, y tienes dificultad controlando las compras impulsivas, puedes considerar automatizar tus pagos, especialmente tus ahorros.

Si luego de revisar tus gastos, determinas que puedes ahorrar $750 al mes, establece un pago automático una o dos veces al mes desde tu cuenta corriente a una cuenta de ahorros aparte que hayas designado para la compra de tu propiedad de alquiler. Debes tener una buena idea de cuándo recibes tus pagos y sabrás si te pagan mensualmente o quincenalmente. Establece el depósito automático a tu cuenta de ahorros apenas te depositen tu cheque. Quizás uno o dos días después. Al mismo tiempo, establece todos tus otros gastos fijos para que se paguen automáticamente, posiblemente en los mismos días. Luego, los fondos que queden en tu cuenta ese mes, los puedes usar como quieras en tus gastos a discreción. Estableciendo pagos automáticos, te asegurarás de que todos tus gastos fijos sean pagados. También estarás asegurando los montos que quieras ahorrar, ya que esos montos serán depositados antes de que hagas alguna compra a discreción.

Como mencionamos antes en este capítulo, sugerimos que revises todos tus gastos antes de establecer algún plan o presupuesto y luego determina si hay algunas áreas en las que puedes eliminar o reducir gastos. Elimina las cosas que no añaden valor a tu vida.

Capítulo 5 – Herramientas de Bienes Inmuebles para el Éxito

Ahora que sabes cómo acumular los fondos que necesitarás para hacer el pago inicial de tu primera propiedad para alquiler, vamos a expandir la vista y hablar acerca de algunas maneras en las que puedes construir una cartera de bienes raíces y de las personas que quieres tener en tu "equipo" de bienes raíces si tienes múltiples propiedades.

Estrategias para Construir una Cartera de Bienes Inmuebles Exitosa.

Una de las razones principales por las que el mercado de renta de bienes raíces es tan atractivo es porque la pertenencia de propiedades es cada vez más escasa y el porcentaje de personas que están alquilando está aumentando. Esto ha estado pasando por un par de décadas, y con el precio de viviendas en continuo aumento, esa tendencia probablemente no cambie pronto. Con esto en mente, es un muy buen momento para invertir en propiedades de bienes inmuebles y establecer una cartera de propiedades rentables que te dejarán financieramente estable por el resto de tu vida. Aquí hay un número de diferentes maneras en las que puedes establecer tu cartera de bienes raíces una vez que pases tu primera propiedad en renta.

1)   **Compra Unidades Multi Familiares.** Hemos detallado muchos de los beneficios de las unidades multi familiares previamente en este libro. Si quieres construir tu "imperio" de bienes inmuebles, una de las mejores formas de hacerlo es comenzar a comprar unidades multi familiares. Los novatos en inversiones en bienes raíces a menudo comienzan con unidades multi familiares ocupadas por el

dueño como dúplex, triples y cuádruples; luego se gradúan a unidades multi familiares más grandes como complejos de apartamentos. Siendo dueño de múltiples unidades en la misma ubicación, serás capaz de consolidar tus esfuerzos y costos. Un propietario que tiene cuatro viviendas de familias individuales, obviamente tiene que poner más tiempo, esfuerzo y moverse más distancia que un propietario que posee un cuádruple. Entonces, si quieres comenzar a expandir tu imperio de renta de bienes inmuebles, las propiedades multi familiares son un gran punto para empezar.

2)   **El Método de la Bola de Nieve.** Warren Buffet es uno de los inversores más exitosos de todos los tiempos y tiene mucho éxito utilizando el método de inversión de la bola de nieve. La mayoría de nosotros que vivimos en el norte de los Estados Unidos, estamos familiarizados con cómo construir una bola de nieve; algunos de ustedes en el Sur, quizás nunca hayan experimentado la nieve. Entonces, te recordaré cómo se hace una bola de nieve. Comienzas con una bola pequeña de nieve que normalmente cabe en tu mano. A medida de que das vuelta a esa bola sobre el suelo cubierto de nieve, se adiciona más nieve y la bola se vuelve más y más grande. Hemos visto ocasiones en las que las personas hacen bolas de nieve más altas que ellos.

Lo mismo pasa con el método de inversión de la bola de nieve. En vez de usar las ganancias de tu primera propiedad de renta para comprar nuevos vehículos o tomar vacaciones lujosas, puedes usar esas ganancias para comprar otra propiedad. Muchos inversores usan esta filosofía (y algunos ni siquiera lo saben). Es una muy buena forma de expandir un imperio de bienes raíces y, si tus propiedades son rentables, seguramente encontrarás que acumulas momento a medida que avanzas. Y tendrás una selección mucho más amplia de propiedades de las que escoger para invertir a medida que hagas más dinero. Serás capaz de graduarte de una vivienda unifamiliar o un dúplex a múltiples viviendas unifamiliares o propiedades con múltiples unidades, incluyendo complejos de apartamentos. Entonces, serás sabio y dejarás que el dinero que hagas por tus inversiones en propiedades de alquiler trabaje para ti. En vez de utilizar esas ganancias solamente para comodidades personales, serás sabio de usar esos fondos en otras inversiones.

3)   Comienza con Sociedades. Hemos discutido algunos de los beneficios de sociedades en la sección de cómo asegurar el dinero para comprar tu primera propiedad para alquiler. Las sociedades también pueden funcionar después de la primera propiedad. Mientras te adentras más en la inversión en bienes raíces, podrías querer subir la apuesta en las propiedades en las que inviertes.

Probablemente querrás invertir en unidades más grandes y más costosas. Tener un socio de inversión te permitirá hacer esto más rápidamente y también reducirá tu exposición financiera en la propiedad en la que estás invirtiendo. También en lo relacionado a finanzas, encontrarás que los bancos que financiaron tus hipotecas previas, eventualmente pueden negarse a proveer hipotecas adicionales porque no quieren tener todos sus huevos en una sola canasta.

4)   La Estrategia C-B-A. Previamente discutimos las diferentes clases de bienes inmuebles. Las propiedades de clase A son generalmente las mejores – nuevos edificios en excelentes áreas. Generalmente no se requieren reparaciones. Las propiedades de clase B son usualmente ligeramente más viejas y en buenas áreas. Quizás necesiten reparaciones menores. Las propiedades de clase C normalmente son propiedades marginales en áreas marginales con muchas reparaciones menores e incluso algunas mayores requeridas. Muchos inversores en bienes raíces que están tratando de construir una cartera, comienzan invirtiendo en propiedades de clase C y luego trabajan para llegar a las de clase B y luego a las de clase A. Las propiedades C son menos costosas que las propiedades A e inicialmente requieren mucho más trabajo. Comenzando con propiedades B o C, rápidamente obtendrás una buena educación en qué se necesita para ser un inversor en bienes raíces exitoso. Luego, a medida de que acumulas dinero de las propiedades de clase C, serás capaz de invertir en las propiedades más costosas de clase B o clase A. Habiendo dicho eso, debes saber que algunos inversores escogen quedarse mayormente en la misma clase. Conocemos inversores exitosos que se mantienen mayormente en propiedades de clase B en vez de moverse a propiedades de clase A porque encuentran que las propiedades B son más rentables o más abundantes…o solo se sienten más cómodos en esa área. De cualquier forma, tienes la idea…tienes que aprender a dar pequeños pasos al comienzo antes de que puedas caminar, y tienes que aprender a caminar antes de que puedas correr.

5)   **Varíalo.** Una de las claves para tener una cartera de bienes raíces exitosa es variar…tener una cartera diversificada. Algunos inversores se quedan estancados con las propiedades que funcionan para ellos. Quizás solo compran propiedades residenciales y no comerciales. Quizás solo compran propiedades de clase B. Quizás solo compran propiedades en la misma área de una ciudad. Aunque tienes que definitivamente tomar en cuenta lo que funciona para ti, el enfoque de "si no está roto, no lo arregles", también es importante la diversificación. Conocemos a un inversor quien por años solo invirtió en propiedades en un área metropolitana importante. Eran propiedades C que el inversor compraba y renovaba. En el momento en el que comenzó a comprar estas propiedades, esa área de la ciudad se estaba revitalizando a sí misma. Sus inversiones eran extremadamente rentables y tomó la decisión consiente de nunca salir de esa área con sus inversiones en bienes inmuebles. Luego de 20 años después de sus compras la misma área de la ciudad que una vez había estado revitalizada, estaba en un declive severo. Un área de clase media o media baja que una vez había sido moderadamente segura, ahora estaba llena de crimen, infestada de drogas y peligrosa. Las escuelas que eran consideradas buenas ahora eran consideradas inferiores. Los restaurantes y otros negocios que antes habían florecido, ahora estaban batallando, algunos de ellos cerrados. Las inversiones del inversor estaban en un declive severo, todo porque puso todos sus huevos en la misma canasta y optó por no diversificarse. De nuevo, nadie te está diciendo que debes abandonar la filosofía de bienes raíces que funciona para ti, pero, a largo plazo, te irá mejor si escoges diversificar tus inversiones.

Bienes Inmuebles Comerciales, Otro Medio para Construir tu Cartera

Los bienes raíces comerciales son un juego distinto a los bienes raíces residenciales. Por razones obvias, los bienes raíces comerciales son generalmente más costosos que los residenciales. A diferencia de los bienes inmuebles residenciales, donde los arriendos convencionales son generalmente de un año, los arriendos comerciales usualmente comienzan en tres años y llegan a ser hasta de 20 años, dependiendo de cuánto de la propiedad debe ser personalizada para el inquilino. Si eres un novato en la renta de bienes raíces, es poco probable que te involucres en bienes inmuebles comerciales de forma grande, pero de todas maneras queremos darte una pequeña explicación de las diferentes categorías o estrategias de inversión en bienes inmuebles comerciales.

1)   Inversiones   en   Bienes   Raíces   Principales. Las inversiones principales son conocidas como la forma más segura de inversión en bienes raíces comerciales. Con una estrategia de inversión principal, los inversores buscan propiedades estables en áreas estables. Esto significa edificios de alta calidad en áreas con pocas vacantes. Con una estrategia de inversión principal, los inversores generalmente están buscando rendimiento (ganancia inmediata) en vez de apreciación (ganancia a largo plazo). El retorno en inversiones principales en bienes inmuebles es generalmente menos del 10%, pero los inversores se ven atraídos a esta estrategia porque es estable y de bajo riesgo.

2)   Inversiones más que Principales. Como el nombre lo indica, las inversiones más que principales son similares a las inversiones principales, sin embargo, generalmente ofrecen una oportunidad de aumentar los retornos a través de una renovación menor o un reposicionamiento en el mercado. Estas son propiedades aún estables y atractivas con un grado de riesgo ligeramente más alto (posiblemente incluyendo algunos arriendos clave que están cerca de expirar).

3)   Inversiones con Valor Añadido. Las inversiones con valor añadido son la estrategia más popular para inversiones en bienes inmuebles comerciales. Mientras las estrategias de inversión principal normalmente generan menos del 10% de retorno, las inversiones con valor añadido normalmente generan 10-15% de retorno. Mientras la meta de una estrategia de inversión principal favorece el rendimiento sobre la apreciación, una inversión con valor añadido favorece la apreciación sobre el rendimiento. En otras palabras, un inversor de valor añadido a menudo está bien con no recibir grandes ganancias por la propiedad hasta que sea renovada, reposicionada o vendida. Un inversor de valor añadido está en eso a largo plazo y usualmente mantendrá los activos por al menos cinco o siete años o hasta que tengan tiempo de mejorar o reposicionar la propiedad. La estrategia de bienes inmuebles de valor añadido es una estrategia de mayor riesgo y mayor recompensa.

Los términos y situaciones de arriendo son particularmente críticas con una estrategia de valor añadido. Por ejemplo, tomemos un complejo industrial antiguo que fue construido en los 1970s. El complejo tiene 12 inquilinos, quienes tenían arriendos de cinco años cuando se mudaron al complejo. 10 de los arriendos van a expirar en los próximos 18 meses; los otros dos arriendos son para inquilinos más nuevos. El edificio tiene tres vacantes. Con el tiempo, se ha vuelto más difícil rentar espacios a los inquilinos ya que el complejo es uno de los más viejos en lo que todavía es un área estable. Con esto en mente, parece que el complejo ofrece una excelente oportunidad para renovación o reposicionamiento, lo que resultaría en rentas más altas. Por otro lado, si la mayoría de los inquilinos tienen tiempos restantes más largos en sus contratos, probablemente no sería un buen momento para remodelar, ya que estarías gastando una cantidad significativa de dinero en inquilinos que ya están atrapados en arriendos a largo plazo. Entonces, si compras propiedades para alquiler con inquilinos existentes, definitivamente debes ver la situación de arriendo de esos inquilinos, para asegurarse que esos arriendos encajen con los planes que tienes para la propiedad.

4)   Oportunista. Los inversores que usan la estrategia de inversión oportunista, son inversores que están dispuestos a tomar los riesgos más altos para lograr las recompensas más altas. Las propiedades oportunistas incluyen tanto propiedades existentes como nuevas urbanizaciones. Con las propiedades existentes, normalmente necesitan un trabajo significativo. Normalmente son propiedades de vacantes altas que son difíciles de alquilar. También puede ser áreas que requieren un cambio de propósito o reposicionamiento. Como un ejemplo, lo que una vez fue un complejo gigante de fabricación de cerveza a finales de 1800s, ha estado vacante por más de 10 años luego de que la cervecería fue comprada para otra cervecería y todas las plantas fueron consolidadas. Un grupo de inversionistas decidió darle un nuevo propósito la cervecería principal como un mercado internacional que ahora tiene más de 30 inquilinos. Obviamente esta es una situación de alto riesgo y alta recompensa, ya que el grupo de inversores tuvo que invertir millones en el cambio de propósito del edificio y del complejo. Pero si son exitosos en transformar su mercado internacional en un destino de alto tráfico, tendrán grandes recompensas por su estrategia.

10 Personas que Necesitas en tu Equipo Soñado de Bienes

Inmuebles

Si vas a construir una cartera de bienes raíces exitosa, necesitarás tener un "equipo" de personas que puedas usar durante el proceso. Ser un inversor en bienes inmuebles exitoso requiere muchos sombreros distintos. A diferencia de otras empresas, ser un "lobo solitario" no va a funcionar si eres un inversor en bienes raíces. Vas a necesitar la ayuda y experticia de otros para ser exitoso. Aquí hay algunas de las personas que necesitarás en tu equipo de renta de bienes raíces mientras trabajas en construir tu cartera.

1) **Banquero.** Con suerte serás capaz de establecer una relación de trabajo con un banquero y que él o ella sepan lo que buscas en un préstamo bancario. ¿Cierre rápido? ¿Bajas tasas de interés?

2) **Bróker Hipotecario.** Quieres encontrar a alguien que trabaje para ti buscando los tipos de hipoteca que funcionan para ti. Como con la mayoría de los miembros de tu equipo, quieres a alguien que entienda tu negocio, especialmente si compras propiedades continuamente.

3) **Contador.** Necesitarás a alguien que entienda los bienes raíces, incluyendo las leyes locales y estadales.

4) **Abogado de Bienes Raíces.** Hay muchos abogados por ahí, pero te conviene encontrar un abogado que se especialice en bienes raíces. Por ejemplo, si tienes un inquilino que no está pagando, necesitarás un abogado que esté familiarizado con ese tipo de procedimientos de desalojo.

5) **Agente de Seguros.** De nuevo, te beneficiarás de un agente que esté dispuesto a buscar las mejores políticas que encajen con tus necesidades.

6) **Tasador.** Un buen tasador puede no solo darte una evaluación precisa de la propiedad, también pueden sugerir formas en las que puedes incrementar el valor de tu propiedad.

7) **Inspector.** Un buen inspector puede ahorrarte mucho dinero. Si son detallistas, pueden decirte exactamente qué reparaciones necesitan hacerse en una posible propiedad y qué tan rápido pueden hacerse esas reparaciones. Un buen inspector puede valer su peso en oro.

8) **Administrador de Propiedades.** Si posees múltiples propiedades o incluso si solo posees una y no tienes el tiempo necesario para atender las necesidades de tus inquilinos, querrás un buen administrador de propiedades. Buenos administradores a menudo pueden representar la diferencia en que tu propiedad sea rentada o vacante, rentable o no.

9) **Agente de Bienes Raíces.** Mientras continúas construyendo tu cartera, con suerte podrás establecer una relación de trabajo sólida con un agente de bienes raíces que entienda los tipos de propiedades que estás buscando. Si no tienen una buena idea de lo que estás buscando, te harán perder mucho tiempo.

10) **Persona o Equipo de Limpieza.** ¿Vas a limpiar una unidad cada vez que quede vacante? Cualquiera que lo haya hecho antes sabe que puede ser mucho trabajo. Un buen equipo de limpieza puede ser un activo valioso en tu equipo de bienes raíces.

Nuevamente, es importante resaltar que debes armar un equipo que puedas usar continuamente para tus propiedades de renta de bienes inmuebles. Haciendo eso, será importante que les comuniques a estos miembros exactamente cuáles son tus deseos y qué estás buscando. Si puedes hacer eso, se convertirán en activos para ti y no tendrás que comenzar desde el principio cada vez que tengas necesidad de sus servicios correspondientes. Como con cualquier equipo, si uno de los miembros no está cumpliendo con tus expectativas, será mejor que encuentres a alguien más para ocupar su posición. Tu éxito como inversor en bienes inmuebles estará en manos del equipo de bienes inmuebles que construyas.

Capítulo 6 – La Propiedad en Renta para Opacar a Todas las Demás

Entonces, eres el dueño orgulloso de tu primera propiedad para renta. Como era de esperarse, va a necesitar algo de trabajo antes de ser rentable y necesitarás hacer un plan para poner la propiedad lista para ser alquilada. En este capítulo, te daremos un plan paso a paso en cómo rehabilitar una propiedad y tenerla lista para la renta. También te diremos algunas mejoras simples que puedes hacer para mejorar instantáneamente el valor o la comerciabilidad de la propiedad.

10 Pasos para Rehabilitar Tu Propiedad de Renta

Si vas a rehabilitar tu nueva propiedad de renta, necesitarás crear un plan práctico y una agenda para lo que vayas a hacer y cuándo lo vayas a hacer. Los propietarios que no se organizan y en cambio "van con la corriente" se están preparando para problemas mayores en este proceso. También, cuando te embarques en el proceso de rehabilitación para tu propiedad, debes recordar que debes mantenerte flexible a veces. La ley de Murphy dice que, si las cosas pueden salir mal, saldrán mal, y no debes sorprenderte si tienes algún hipo o golpeas algunos inconvenientes durante el proceso. Pero con suerte, creando un plan detallado y práctico antes de que comience el proceso, serás capaz de minimizar cualquier problema potencial. Aquí hay algunos pasos que puedes tomar en el proceso de rehabilitación:

1)   **Evalúa Cada Área de la Propiedad.** Con suerte, habrás hecho una evaluación preliminar antes de comprar la propiedad. Necesitarás revisar cada área de la propiedad y determinar qué necesita hacerse para a) hacer la propiedad habitable y b) Hacerla más

atractiva para posibles inquilinos. Esto incluye una evaluación cuarto por cuarto del interior de la propiedad y también una evaluación del exterior de la propiedad. Si compraste una vivienda con un garaje aparte, tu evaluación debe incluir al garaje. Tu evaluación también debe incluir una revisión del paisajismo y de la apariencia general de la propiedad. Evaluando a propiedad, podría servirte tener un par de ojos adicional involucrado en el proceso. (No siempre tiene que ser un experto el que determine lo que le gusta y no le gusta de una propiedad. No dudes buscar servicios de familia y amigos para este proceso). Mientras listas las mejoras que deben hacerse a la propiedad, debes categorizar esas mejoras como obligatorias o posibles, o cualquier otro título de categorías similares que funciones para ti. Es importante que priorices las mejoras que quieres hacer, porque puede que tengas tiempo o presupuesto limitado para estas mejoras y necesitarás decidir qué cambios pueden ser dejados de lado y cuáles tienen que ser hechos antes de rentar la propiedad.

2)   Asegúrate de tener los fondos disponibles para hacer los cambios que quieres hacer. Con suerte, hiciste esto antes de comprar la propiedad, pero antes de que comiences a hacer renovaciones, necesitas asegurarte de que tienes los fondos para hacerlas y luego de que tengas estimados de los diferentes proyectos involucrados en rehabilitar la propiedad, establecerás un presupuesto para determinar cuánto estás dispuesto a gastar para hacer los cambios necesarios. De nuevo, ya debes tener una idea de cuánto te costarán esos cambios antes de comprar la propiedad. Luego, después de que compres la propiedad, puedes afinar cualquier estimado de costos y determinar dónde tienes que cortar gastos en el proceso de rehabilitación.

3)   Ve de Compras. Especialmente para novatos, tendrás que pasar algo de tiempo de compras de contratistas y materiales. Aunque nadie nunca sugeriría que compraras lo más barato posible, especialmente cuando se trata de materiales, probablemente te sorprenderás mucho por cuánto varían los costos de materiales y mano de obra. Puede que seas capaz de ahorrar miles de dólares haciendo un buen trabajo comprando tanto contratistas como materiales.

4)   Haz una lista de contratistas y proveedores de servicios por adelantado. Como mencionamos antes, está bien buscar contratistas y proveedores de servicios, especialmente con tu primera compra de propiedad de alquiler. Querrás determinar el precio y también asegurarte de encontrar personas con las que te sientas cómodo trabajando. Al mismo tiempo, no te hará daño entrevistar a múltiples contratistas; en caso de que tengas problema con uno, puedes moverte al siguiente contratista de la lista si es necesario. Y, lo más importante, no esperes hasta el último minuto para agendar contratistas como plomeros, electricistas, pintores, paisajistas. Debes recordar que estas personas están ocupadas trabajando en otros proyectos y no puedes esperar que dejen todo lo que están haciendo para trabajar en tu proyecto. Un contratista exitoso a menudo tiene una agenda ocupada que está llena por semanas o meses por adelantado. Mantén esto en mente cuando estés armando tu agenda de rehabilitación.

5)   Establece un calendario realista. Mientras planeas tu proyecto de rehabilitación, necesitas desarrollar un calendario que contenga fechas para todas las tareas mayores. Probablemente comiences por hacer que los contratistas visiten la propiedad para cotizar su proyecto. Al mismo tiempo les mostrarás lo que necesitan hacer, debes preguntarles por su disponibilidad para el proyecto. ¿Cuándo pueden comenzar? ¿Cuándo terminarían? Esta información te ayudará a establecer tu calendario. Y una advertencia para cuando estés estableciendo tu agenda. Trata de no tener muchas cosas en la propiedad al mismo tiempo. Si tienes al plomero, al electricista, los instaladores de gabinetes y al pintor allí al mismo tiempo, probablemente se estorben los unos a los otros y puedes experimentar retrasos, o incluso posibles daños.

6)   Lleva registro de los gastos. Debes registrar tus gastos durante el proceso para asegurarte de que estás dentro del presupuesto. No hay nada peor que ir por la mitad de un proyecto y darte cuenta de que gastaste de más y de que tendrás un retraso en el proyecto hasta que consigas más dinero. Puedes usar una hoja de datos de Excel o Quickbooks para registrar tus gastos durante el proceso. En el lado positivo, puedes descubrir que estás bajo tu presupuesto y esto puede permitirte añadir algunas de las campanas y silbatos que habías eliminado anteriormente cuando hiciste tu presupuesto.

7)   **Está presente.** Con un proyecto de rehabilitación como este, es importante que alguien esté allí para supervisar mientras se está haciendo el trabajo. Si no tienes tiempo para eso, debes contratar los servicios de alguien que lo pueda hacer por ti. Hemos escuchado historias de gabinetes en los cuartos incorrectos, cerámicas removidas de los baños incorrectos, etc. Sí, incluso tuvimos un techador que por error removió la mitad de las tejas de la casa de un vecino. Estas cosas pasan a menudo. Entonces, te conviene tener alguien allí para supervisar o responder preguntas mientras el trabajo está en marcha.

8)   **Ten un plan B.** ¿Qué pasa si uno de tus contratistas se atrasa en otro proyecto? ¿Qué pasa si llueve torrencialmente cuando se supone que el paisajista va a plantar los nuevos arbustos o cuando el pintor de exteriores debe pintar la parte de afuera de la casa? ¿Qué sucede si uno de tus contratistas es un total fracaso y tienes que buscar a otro contratista que haga el trabajo que se supone que harían? Aunque nunca se puede planear para esos inconvenientes, debes saber que esas cosas pueden y van a pasar. Y cuando lo hagan, tendrás que ser flexible y tendrás que moverte al plan B, algunas veces con urgencia. (Si no tienes un plan B, tendrás que inventar uno). Esto nunca es la parte fácil o divertida del proceso, pero cómo lo manejes puede determinar se serás bueno siendo un propietario de bienes raíces para alquiler. Los propietarios de arriendos más exitosos son solucionadores de problemas, y muchos se enorgullecen de su habilidad de adaptarse cuando los problemas llegan.

9)   **Asegura tus materiales.** Mantén tus materiales en un sitio

seguro. Mantenlos fuera del camino de los trabajadores para que no impacten la forma en la que el trabajo está siendo hecho o que no sean un peligro para los trabajadores. Mantén los materiales en un sitio seguro para que no se dañen por la lluvia o la nieve y para que no sean robados.

10) **Determina una secuencia.** Cuando establezcas una agenda para los proyectos de rehabilitación en tu nueva propiedad para renta, es importante que determines una secuencia práctica en la que los proyectos deben ser hechos y en la que los materiales deben ser instalados. Mucho de esto es simple sentido común. Por ejemplo, no instales nuevas alfombras hasta que las paredes estén pintadas, los nuevos dispositivos instalados y los trabajadores hayan terminado de trazar a través de la casa. No instales nuevos gabinetes de cocina o baños hasta que la pintura en esos cuartos esté completada. Haz que los electricistas y los plomeros hagan su trabajo temprano en el proceso, a menos de que haya una razón por la que deban hacerlo luego.

Las Rehabilitaciones Más Importantes para Todas las Propiedades de Alquiler

Cuando rehabilites tu propiedad de renta hay algunas cosas que deben ser absolutamente inspeccionadas antes de que alquiles a un inquilino. Algunas de las cosas son ignoradas frecuentemente; otras pueden tener un impacto mayor en tu relación con el inquilino y un impacto mayor en tu inversión.

1) **El Techo.** Hemos visto situaciones de personas que compraron propiedades de renta sin siquiera inspeccionar el techo. Eso es un gran error. El techo es un componente estructural esencial en cualquier edificio y debes asegurarte de inspeccionarlo, idealmente antes de comprar la propiedad. Si tienes que añadir un nuevo techo a tu propiedad de alquiler, no será un gasto de dinero insignificante. Debes saber la condición de tu techo, para que puedas planear acorde a eso cualquier reparación que deba hacerse. Un techo defectuoso no puede ser ignorado y estarías arriesgando el valor de tu inversión si no te aseguras de que el techo esté en buenas condiciones.

2)   **Alfombrado, Pintura.** Cosas relativamente económicas que son normalmente incluidas en cualquier proyecto de rehabilitación. Si tienes un alfombrado o una pintura desaliñada, es probable que impacte tu habilidad de rentar la propiedad, ya que es una de las primeras cosas que los posibles inquilinos ven.

3)   **Ventanas.** Como los techos, no es una proposición económica. Desde un punto de vista de inversión, querrás asegurarte de que tu propiedad tenga ventanas actualizadas ya que aumenta su valor. También, desde el punto de vista de los inquilinos, un buen juego de ventanas puede ayudar substancialmente con el aislamiento de la casa y reduce los costos de calefacción y aire acondicionado.

4)   **Electricidad.** Paneles de 200 amp son recomendados, ya que no son mucho más costosos que los de 100 amp.

5)   **Calefacción/Aire Acondicionado/Ventilación.** Es una buena idea inspeccionar estos al menos una vez al año, incluso cuando la propiedad está ocupada. Los sistemas de calefacción y aire acondicionado no son baratos y quieres asegurarte de que se mantengan en buenas condiciones. No puedes esperar que tus inquilinos se ocupen de eso. Hemos escuchado historias de propiedades que se han incendiado porque la ventilación de la secadora estaba tapada. El mantenimiento de rutina puede prevenir fácilmente problemas mayores.

6)   **Calentador.** En la misma nota, necesitas estar pendiente del calentador en tu propiedad. Un calentador promedio dura entre 10 y 15 años y, como puedes esperar, son algo costosos. Estarás bien servido si conoces en qué condición está tu calentador y cuando podrías necesitar otro, así puedes planear por adelantado. También debes asegurarte que tú o tus inquilinos están cambiando los filtros de tu calentador regularmente, ya que los filtros tapados pueden causar

serios daños.

7) **Sistema de Alcantarillado/plomería.** Asegúrate de revisar el sistema de alcantarillado de tu propiedad. Un desbordamiento del alcantarillado puede causar serios daños. Debes revisar las tuberías al comienzo de cualquier proyecto de rehabilitación. Y luego revisarlas regularmente, dependiendo de qué tan probable es que se tapen. Por ejemplo, alguien que posee una vivienda con muchos árboles, puede encontrar raíces que tapan las tuberías de alcantarillado regularmente. Si sabes esto, puedes agendar mantenimientos de rutina regularmente para prevenir cualquier problema mayor. A la vez que revisas el sistema de alcantarillado, probablemente es una buena idea revisar todos los drenajes y el triturador de basura. Si puedes asegurarte de que estas cosas están despejadas antes de que tu inquilino se mude, puedes ser capaz de eliminar las llamadas en medio de la noche informándote de esos problemas.

8) **Calentador de agua.** Los calentadores de agua son bastante económicos. Normalmente duran entre 8 y 12 años, dependiendo de qué tan fuerte es el agua en tu área y de qué tan bueno es el calentador. Si tu calentador de agua se está acercando a esta edad, probablemente es una buena idea comenzar a pensar en uno nuevo.

Mejoras para Aumentar Instantáneamente el Valor de tu Propiedad

En la sección anterior, nos enfocamos en elementos funcionales y estructurales que son altamente recomendados para cualquier proyecto de rehabilitación de una propiedad para renta. Ahora veamos algunas de las cosas "más divertidas", cosas que puedes hacer para aumentar el valor cosmético, el atractivo visual, y el valor final de tu propiedad. Notarás que muchas de estas mejoras cosméticas no son renovaciones mayores o proyectos costosos. Con muchas de estas recomendaciones, encontrarás que puedes aumentar el valor o el atractivo de tu propiedad sin romper el banco.

1) **Mejora del Baño.** Sin importar lo pequeño que sea, el baño es considerado uno de los puntos focales de cualquier casa. Las actualizaciones de baños, incluyendo nueva cerámica, enmasillado, reemplazar o esmaltar bañeras o duchas, o un nuevo tocador con luces modernas, son todas cosas que puedes hacer para actualizar tus baños. La investigación muestra que las actualizaciones de baños pueden añadir más valor a una propiedad residencial que cualquier otro cuarto. La recompensa por actualizaciones de baños es más del doble del monto invertido en ellas.

2) **Rediseño de paisaje.** Otro proyecto atractivo a la vista que puede añadir valor substancial e inmediato a una propiedad. Cosas como podar arbustos y árboles, desmalezar, y añadir nuevas plantas o arbustos, puede fácilmente añadir al valor y al atractivo de una propiedad.

3) **Remodelación menor de la cocina.** No tienes que gastar una fortuna para aumentar el atractivo visual de tu cocina. Cosas simples como nuevos dispositivos, nuevas encimeras y nuevas fachadas de gabinetes pueden incrementar fácilmente el atractivo de tu cocina. Nueva cerámica para el suelo y nuevo papel tapiz también son cosas que pueden hacerse económicamente para mejorar tu cocina.

4) **Mejoras de exterior.** Aparte de algunas mejoras en el paisajismo, puedes aumentar el atractivo de tu vivienda con un nuevo trabajo de pintura, nuevo recubrimiento, o una nueva puerta principal.

5) **Conversión a Dormitorio.** ¿Hay algún cuarto marginal y no esencial en la casa que puedas convertir en otro dormitorio? Incluso si es uno pequeño, ese dormitorio extra puede añadir substancialmente al valor de una vivienda.

Todas las renovaciones antes mencionadas pueden añadir substancialmente al atractivo visual de tu casa, haciéndola más fácil de alquilar. Como la mayoría de las viviendas son vistas en línea antes de que un inquilino potencial siquiera pregunte por ellas, el atractivo visual es más importante que nunca. Si no tienes una propiedad atractiva, será difícil siquiera tener arrendatarios potenciales que la visiten. Y desde un punto de vista a largo plazo, estas mejoras cosméticas pueden también añadir valor financiero a tu vivienda. Para cada cinco renovaciones antes mencionadas, el menor retorno esperado de las inversiones está en el percentil 90. Esto significa que cuál sea tu inversión en cualquiera de estas áreas, deberás ser capaz de casi doblar tu inversión mientras agrega valor a tu propiedad.

Capítulo 7 – Administrando tu Propiedad de Alquiler

Ok, ya terminaste de rehabilitar tu propiedad de alquiler. Ahora es momento de rentarla. Algunos dueños de propiedades comenten el error de pensar que la mayor parte de su trabajo está hecho y que la mayoría de sus problemas se acabaron una vez que terminan de preparar la propiedad para la renta. Eso puede ser una suposición drásticamente incorrecta. Si no estás rentando a las personas correctas, tus problemas podrían solo estar comenzando y podrías estar comprometiendo todo el tiempo y dinero que has gastado en la propiedad. Tener buenos inquilinos en tus propiedades es extremadamente importante. Una vez que la propiedad esté lista, tu habilidad de obtener buenos inquilinos puede ser la clave para determinar si tu propiedad es rentable o no. Con esto en mente, tenemos algunas recomendaciones sólidas de qué puedes hacer para minimizar los problemas de inquilinos.

Encontrando Buenos Inquilinos para tu Alquiler

1)   **No Discrimines.** Antes de comenzar con lo básico que debes hacer para encontrar buenos inquilinos, debemos advertirte de que no debes discriminar. Hay leyes federales que prohíben discriminación y debes adherirte a esas regulaciones cuando rentes tu propiedad. Hemos leído numerosas historias de arrendadores que han sido demandados por prácticas discriminatorias y no quieres ser una de esas personas. Los montos para arreglar esas demandas a veces son más altos que el valor de la propiedad, entonces con seguridad te imploramos que no discrimines al alquilar tus propiedades.

El Acta de Vivienda Justa prohíbe la discriminación en las siguientes áreas:

--Raza o color

--Religión

--Nacionalidad

--Sexo

--Estatus Familiar (No puedes discriminar a familias con niños).

--Discapacidad

2) **Crea una aplicación detallada para rentar.** Arrendar una propiedad es un negocio serio y no debes dudar en usar una aplicación detallada para rentar que te ayude a recolectar la información que necesitarás para determinar si le alquilarás al aplicante o no. Incluidos en la aplicación deben estar los siguientes elementos:

a)   Referencias Personales. Pide dos o tres referencias personales, preferiblemente de no familiares. Luego debes asegurarte de revisar esas referencias antes de rentarle al aplicante. Cuando estés hablando con las referencias, sugerimos que una de las preguntas que hagas sea si el inquilino les ha dicho por qué se está mudando y asegúrate que concuerde con lo que él te está diciendo.

b)   Historial de Empleo. Esta información puede decirte algo acerca de qué tan estable es un aplicante. Si han cambiado mucho de trabajos o hay períodos inusuales sin empleos, esto puede ser un indicador de que no serán inquilinos estables. Y con el historial de empleo, probablemente podrás revisar si el historial listado en la aplicación es correcto. No es muy inusual que las personas inventen información y la aplicación para rentar.

c)   Historial de rentas anteriores. Es posible que tu aplicante no tenga un historial de renta (por ejemplo, recién graduados de la universidad, pareja retirada que vendieron su casa, etc.). Sin embargo, si hay un historial listado, harías bien en contactar a los arrendadores anteriores. En vez de solo confirmar la residencia, debes hacer otras preguntas que pueden ayudarte a determinar si el aplicante será un buen inquilino. Esas preguntas pueden incluir: ¿Pagaban su renta a tiempo? ¿Eran limpios? ¿Eran respetuosos hacia vecinos y trabajadores? ¿Dejaron la unidad en buenas condiciones cuando se fueron? ¿Dieron el aviso requerido antes de mudarse? ¿Algún vecino se quejó de ellos? ¿Requirieron alguna cantidad inusual de atención como inquilino? ¿Les rentarías de nuevo?

d)   Revisión de Créditos. Haz una revisión de crédito de tu inquilino potencial y tómalo en serio. Algunos propietarios establecen un límite de puntaje de crédito para rentar a inquilinos. Un puntaje de crédito requerido de 650 es lo usual. Si el candidato parece decente pero el puntaje de crédito no es lo que tú quieres que sea, debes preguntar si hay alguna razón para el bajo puntaje. La revisión de crédito también te dirá cuánta deuda tiene el aplicante (ve el radio entre el ingreso y la deuda), si ha sido desalojado de una propiedad previa y si tiene algún juicio en su contra.

e)   Verificación de ingreso. No es inusual para los aplicantes mentir sobre su ingreso actual, por lo que te conviene tomarte el tiempo para revisar su ingreso. Contacta su empleador actual y verifica el ingreso, la duración del contrato, la posición de la empresa y el récord de asistencia. Como regla de dedo, quieres encontrar un inquilino que tenga un ingreso mensual de tres veces la renta propuesta. Hay excepciones para esto, por supuesto, como parejas retiradas que tienen ingresos limitados, pero tienen ahorros que pueden fácilmente cubrir los montos de renta.

Cuando decimos que idealmente un inquilino debería tener un ingreso de tres veces el monto de la renta, también debemos regresar a la revisión/puntaje de crédito, donde debes colocar una nota para revisar el radio de ingreso-deuda del aplicante. Por ejemplo, puedes tener un aplicante con un ingreso de $3000 al mes; otro que tiene un ingreso de $2500 al mes. Puedes pensar que el que gana más es siempre el mejor candidato, pero ese no siempre es el caso. Quizás el que gana más debe hacer pagos de deuda de $1500 al mes en total, mientras que el que gana menos no tiene ninguna deuda excepto por un pago nominal de un carro. En este caso, el candidato que gana menos puede ser el mejor, al menos dese un punto de vista financiero.

f) Revisión de antecedentes criminales. El historial de crímenes es una de las cosas en las que más mienten en aplicaciones para trabajos y alquileres. Por esto, recomendamos altamente que hagas una revisión de antecedentes criminales en cualquier inquilino potencial que te interese. Hacer una revisión de antecedentes criminales por ti mismo puede quitarte mucho tiempo, por lo que podrías usar una compañía que haga esto por ti.

Usa la información que recolectes para evaluar la veracidad del inquilino. Obviamente debes estar más preocupado por un inquilino que tenga cargos de tráfico de droga o de asalto sexual que de alguien que tiene muchas multas por velocidad. También, pon atención a cuándo los crímenes fueron cometidos. ¿Es un hombre de 50 años que tiene algunos cargos por conducir ebrio cuando tenía 20 y no ha hecho nada desde entonces? ¿O ha tenido más ofensas recientemente? Esta información puede hacer la diferencia en si tu posible inquilino es un buen candidato o no.

Otro par de notas rápidas respecto a las revisiones de antecedentes criminales: si contratas a una empresa de investigación de inquilinos para que hagan la revisión de antecedentes por ti, la mayoría de estas compañías harán una revisión federal y estatal, una revisión en el país, una búsqueda en el Departamento de Correccionales, y una búsqueda en la base de datos de asaltos sexuales. Aunque esta es información pública, puede ser difícil y quitar mucho tiempo si no lo has hecho antes; el costo de usar una compañía de investigación de inquilinos es nominal.

(No hay una base de datos criminal de todo el país, por lo que la revisión de antecedentes no es tan detallada o tan simple como puedes pensar). También, debemos mencionar, que algunos estados, incluyendo California, prohíben a los propietarios que discriminen a inquilinos potenciales que han cometido ciertos tipos de crímenes. Esto significa que debes familiarizarte con las leyes locales antes de que rechaces a un inquilino por su historial criminal. Habiendo dicho eso, algunos antecedentes criminales, incluyendo asalto doméstico, tráfico de drogas o de personas, venta de drogas, etc., son actividades que deben prender inmediatamente alertas en los propietarios.

g) Cara a cara; instinto. Cuando muestras una propiedad a tus inquilinos potenciales, debes hacer un esfuerzo para conocerlos. Con suerte, puedes usar tu reunión con ellos para comenzar a establecer una relación y quizás obtener un presentimiento de si serán o no buenos inquilinos. No dudes en hacerles preguntas que te ayuden a determinar si son buenos candidatos. Cualquier pregunta obviamente debe ser apropiada y no muy personal (no los estás interrogando), pero puedes ser capaz de obtener algo de información que puede ser de ayuda a la hora de evaluar al candidato. Aquí hay algunas de las preguntas que puedes hacerle a un aplicante: ¿Por qué estás buscando mudarte? ¿Dónde vives ahora? ¿Has rentado alguna vez? ¿Has tenido algún problema con un propietario? ¿Si eres aceptado para rentar la propiedad, tienes alguna idea de por cuanto tiempo la rentarás? ¿En qué trabajas? ¿Fumas o tienes mascotas? ¿Piensas que serás un buen inquilino?

Notarás que algunas de estas preguntas son las mismas que están en la planilla de aplicación. Eso está bien. Te sorprenderá darte cuenta que algunas veces las respuestas que encuentras en una planilla de aplicación no concuerdan con las respuestas a las mismas preguntas en reuniones cara a cara. Si es así, eso puede indicar algunas alertas.

También, comenzando a establecer una relación con un posible inquilino, encontrarás más sencillo contactarlos de nuevo si tienes alguna pregunta respecto a su revisión de créditos, revisión de referencias, revisión de antecedentes, etc. Serás capaz de determinar qué tan comunicativos serán, por ejemplo, si les preguntas por qué su puntaje de crédito es "dudoso". Quizás hay una explicación lógica para su puntaje de crédito. Si todo parece encajar, excepto quizás una cosa, no dudes en pedirle una explicación al aplicante…a menos que tengas muchos otros aplicantes legítimos para la misma propiedad. De cualquier forma, el punto es que debes usar interacciones cara a cara con el posible inquilino para tener un presentimiento de si serán buenos. El instinto no es más importante que los hechos que verifiques sobre tus aplicantes, sin embargo, es válido y puede hacer una diferencia en escoger un candidato sobre otro.

Y antes de dejar este tema, debemos mencionar lo importante que es mantener los buenos inquilinos una vez que los consigues. Puedes hacer eso respondiendo a cualquier petición o pregunta de los inquilinos y también estableciendo una línea abierta de comunicación con ellos. Hazles saber que estás allí para ayudarlos con sus necesidades y no te hará daño preguntarles ocasionalmente si están satisfechos con la renta o si tienen alguna crítica con respecto a la propiedad. Si no lo sabes aún…te darás cuenta pronto…los buenos inquilinos te pueden hacer la vida mucho más sencilla y pueden hacer la diferencia entre una propiedad rentable o no rentable.

Te animamos a tratar a tus inquilinos tal como tratarías a un cliente valioso en otros negocios. Conocemos a propietarios exitosos que envían tarjetas de cumpleaños, de fiestas, y de agradecimiento a los inquilinos. También conocemos a propietarios que tienen "entrevistas de salida" con los inquilinos que están dejando la propiedad. Haciendo eso, buscan por críticas sobre la propiedad. Los comentarios hechos pueden ser de ayuda para el propietario en el futuro. De cualquier forma, siempre debes recordar que mientras mejor sea la relación que desarrolles con tu inquilino, más probable es que continúen rentándote. Como bien sabes, cada vez que tengas que terminar un arriendo, tendrás que pasar tiempo encontrando un nuevo inquilino y quizás también tengas algún tiempo vacante en el cual la propiedad está vaciando tu cuenta bancaria en vez de añadir a esta.

Estrategias para Administrar Propiedades de Renta

Probablemente no te sorprenderá cuando señalemos que, si no administras una propiedad correctamente, esa propiedad puede convertirse en una pesadilla. En vez de ser el centro de ganancias que esperas que sea, puede convertirse en un pozo de dinero gigante y dejarte preguntándote por qué decidiste involucrarte en bienes raíces para la renta. Afortunadamente, hay un número de diferentes formas en las que puedes administrar una propiedad exitosamente. Algunos dueños de propiedades para alquiler son exitosos solo con un enfoque de estar involucrados. Otros dueños son exitosos dejando todo en manos de terceros. Y otros son exitosos con una mezcla de terceros y de estar involucrados.

Antes de adentrarte en estas estrategias diferentes, es importante explicar las tres distintas áreas de administración de una propiedad. Necesitarás enfocarte en estas tres áreas si quieres lograr el potencial máximo de ganancia con tus propiedades de alquiler.

1)   **Administrar inquilinos.** Como dueño de propiedades de renta, tú, o quien sea que contrates para hacerlo, será responsable del manejo de inquilinos. Las tareas de administración de inquilinos incluyen arrendar la propiedad (y determinar la viabilidad de inquilinos), recolectar la renta, y desarrollar/implementar/actualizar los acuerdos de arriendo. También involucra manejar las peticiones de los inquilinos (reparaciones o información) rápidamente, coordinar las fechas de mudanzas desde y hacia la propiedad y, desafortunadamente, algunas veces, desalojos

2)   **Administrar el mantenimiento e inspecciones de la**

propiedad. Como propietario también serás responsable del mantenimiento y actualización de la propiedad. Con propiedades comerciales o de múltiples unidades, esto puede incluir las responsabilidades de arreglar el mantenimiento de las áreas comunes (podar el césped, paisajismo, servicios de limpieza (incluyendo baños), recolección de basura, remoción de nieve, calefacción y agua, goteras en el techo, etc. Obviamente las propiedades residenciales incluyen menos responsabilidades. En algunos acuerdos de renta residenciales, los inquilinos pueden ser responsables de su propia remoción de nieve, de quitar la maleza, recolección de basura, etc. Desafortunadamente, con el mantenimiento, normalmente no serás capaz de planificar por adelantado. Los problemas probablemente saldrán en los momentos menos esperados, y tendrás que asegurarte que tú o quien sea que contrates para manejar estas tareas, esté disponible de inmediato. También, debes saber que tendrás que coordinar inspecciones de tu propiedad. Los inspectores locales pueden inspeccionar tu propiedad para asegurarse de que cumple con todos los códigos de salud y seguridad, incluyendo los códigos de incendios. Las compañías de seguros e hipotecas pueden inspeccionar la propiedad para asegurarse de que corresponda con los montos que están prestando o por lo que están asegurando.

3)   Administración de finanzas. Como dueño de una propiedad para renta, es importante que mantengas un manejo constante de cuánto dinero está entrando y cuánto está saliendo. Como dijimos antes, ser un dueño de propiedades para renta no es un hobby, y quieres asegurarte de que tus propiedades son lo más rentables posible. Las responsabilidades financieras de propiedades para la renta incluyen recolectar la renta de los inquilinos y luego hacer los pagos a las varias partes involucradas, incluyendo pagos de hipoteca, de seguro e impuestos. También puede incluir hacer pagos de servicios y el pago de otras tasas.

Como propietario, tendrás que prestar atención a estas tres áreas. Aunque es natural para una persona inclinarse hacia las tareas que disfrutan haciendo y alejarse de aquellas que no disfrutan, tendrás que asegurarte de que no estás ignorando ninguna de estas áreas de responsabilidades. Si descuidas cualquiera de estas áreas, es probable que pagues las consecuencias y que tu descuido impacte con seguridad la rentabilidad de tu propiedad. Habiendo dicho eso, algunos propietarios les dejarán a terceros cualquiera de las responsabilidades que no tengan interés de cumplir, ya que están conscientes de que tienden a descuidar esas áreas. Ahora que hemos mencionado las diferentes responsabilidades de poseer una propiedad, es momento de ver tres estrategias diferentes para usar en la administración de propiedades.

La Estrategia de Estar Involucrado/Hacerlo Tú Mismo. Si pretendes ser un propietario involucrado, tendrás que ser una persona con muchos sobreros distintos. Los propietarios optan por la estrategia de estar involucrado por muchas razones, incluyendo tener control total, la habilidad de mantener los costos al mínimo y la habilidad de identificar y resolver problemas inmediatamente. Esto es mucho más fácil para una unidad individual o una propiedad ocupada por el dueño; es mucho más difícil para propiedades comerciales o grandes propiedades con múltiples unidades.

La desventaja de un enfoque de estar involucrado es que puedes intentar hacer cosas de las que realmente no sabes mucho. Por ejemplo, un dueño de propiedades para la renta que quiere hacer todo lo involucrado, debe ser un contador experto, un experto legal, un experto en mantenimiento (techador, electricista, plomero). Es probable que aún le dejes a terceros algunas de las responsabilidades involucradas en ser un dueño de propiedades, y no debes sentirte mal por eso. Es normal. Siendo un dueño involucrado, probablemente tendrás que estar disponible 24/7/365 y, como mencionamos antes, no serás capaz de controlar cuándo se presenta el problema. Algunas personas piensan que esto es abrumador y es por eso que muchos dueños terminan dando a terceros algunas tareas y responsabilidades. Otros dueños descubren que su tiempo puede ser más valioso gastado haciendo otras cosas y delegan ciertas tareas. Como un ejemplo, quizás decides redactar tu propio acuerdo de arriendo sin la asistencia o experticia de un abogado de bienes inmuebles. Puedes encontrar ejemplos en internet y luego redactar tu propio acuerdo. Pero también tendrás que asegurarte de familiarizarte con las leyes y regulaciones locales para arriendos, que son diferentes de acuerdo al estado. Para el momento que termines de investigar los acuerdos de renta, puedes darte cuenta de que habría sido mejor contratar un abogado de bienes raíces. O quizás pasaste por alto alguna ley local en tu acuerdo y te das cuenta luego de que esta omisión ha dejado un vacío costoso en el acuerdo. El punto es que tienes que decidir qué tareas eres capaz de hacer y cuáles tareas estás dispuesto a tomarte tiempo para hacerlas. En algunas ocasiones, necesitarás delegar algunas de esas responsabilidades.

Como puedes ver por la descripción anterior, un enfoque de administración de estar involucrado es más factible para un arrendador que posee un número pequeño de propiedades, que tiene mucha experiencia administrándolas o que quiere control total en la administración de esas propiedades.

La Estrategia de Responsabilidades Mixtas. La mayoría de los propietarios, incluso esos que están en el espectro más pequeño, tienden a usar la estrategia de responsabilidades mixtas en el manejo de sus propiedades. Hemos mencionado algo de esto antes cuando describimos las posibles desventajas de tratar de hacer todo tú solo. ¿Eres un experto legal? ¿Un contador experto? ¿Un plomero? ¿Un electricista? ¿Un techador? ¿Qué sucede si caes en una batalla legal costosa porque trataste de redactar tu propio acuerdo de renta y no estabas al tanto de reglas y regulaciones locales importantes? ¿Qué sucede si pasas por alto un vacío clave en el pago de tus impuestos porque trataste de hacer tu propia contabilidad en vez de contratar a un experto? Tienes la idea...algunas veces podemos meternos en problemas al tratar de hacer y ser todo. Nos sirve más delegar responsabilidades que están fuera de nuestras áreas de experticia o interés.

Los más grandes beneficios de utilizar una estrategia de responsabilidades mixtas es que tendrás algo de tiempo libre y también estarás seguro de que estás protegiendo tus activos físicos y financieros al usar expertos. En el lado negativo, perderás algo de control y estarás dependiendo de otros, poniendo tu reputación como propietario en las manos de otros. Entonces, si estás construyendo tu cartera de alquileres y ya pasaste la etapa de tener tu primera propiedad de renta, la estrategia de responsabilidades mixtas probablemente sea la mejor para ti. El propietario promedio maneja algunas de las responsabilidades y delega otras responsabilidades a otros.

Delegar la Administración Completamente. Hay varias razones por las que los dueños de propiedades de alquiler optan por delegar todas las responsabilidades administrativas. Algunos dueños lo hacen porque poseen propiedades no locales y simplemente no es logísticamente posible para ellos ser propietarios involucrados. Algunos dueños poseen tantas propiedades que no pueden estar involucrados por completo. Y finalmente, algunos inversores tienen bienes inmuebles solo como parte de sus inversiones totales y simplemente no tienen el tiempo para involucrarse.

La mayoría de los propietarios que delegan las responsabilidades administrativas contratan administradores para sus propiedades o utilizan una compañía de administración. Los administradores o compañías de administración deben ser capaces de hacer o arreglar todas las tareas involucradas en la administración de la propiedad: asegurar e investigar a los inquilinos, planificar las reparaciones, coordinar las mudanzas desde y hacia la propiedad, recolectar la renta, cobrar rentas atrasadas, desalojos, coordinar las rutinas de mantenimiento y las actualizaciones a largo plazo. Un buen administrador o compañía de administración obviamente debe tener una buena relación de trabajo con el dueño de la propiedad. Es obvio que la mala administración de cualquier propiedad puede resultar en el declive de dicha propiedad.

La ventaja de contratar a un administrador o a una compañía de administración para tus propiedades es que estarás liberando mucho de tu tiempo. No serás el que reciba las llamadas en medio de la noche de inquilinos diciéndote que su calefacción no está funcionando. Y, si haces tu diligencia en contratar a un buen administrador o a una buena compañía de administración, sabrás que estás usando expertos en manejo de propiedades en vez de intentar usar sombreros que no son de tu talla.

Las desventajas de delegar todo incluyen costos y gastos. Especialmente si eres un dueño de propiedades para renta con poco tiempo en el negocio, tienes que estar consciente que un administrador, compañía de administración, o cualquiera de las propiedades que contratas para asistirte con las responsabilidades de tener una propiedad para renta (abogados, contadores, plomeros, electricistas) van a costar dinero. Y el dinero que les pagues tendrá una influencia en tu rentabilidad. Habiendo dicho eso, no contratar buenos administradores u otros expertos en el campo, pueden impactar la habilidad de tu propiedad de ser exitosa a largo plazo.

12 Consejos que Debes Saber de Expertos en Renta de Propiedades

Aunque hemos incluido muchos consejos a lo largo de este libro en cómo administrar tus propiedades de renta, tenemos unos consejos extra que ofrecerte o para extender:

1) **Usa fotografías profesionales para comercializar tu**

propiedad. No puedes tener ningún ingreso por tu propiedad si no puedes rentarla. La importancia de buenas fotografías a menudo es subestimada en la comercialización de una propiedad. No es ningún secreto que la mayoría de los posibles inquilinos querrán ver la propiedad y la unidad antes de decidir si quieren visitarla. Para no ser descartado inmediatamente, querrás asegurarte de estar usando fotos atractivas que resaltan apropiadamente la propiedad. Cuando publiques tu propiedad en línea, muestra tantas fotos como sea posible. Muestra cada cuarto en la propiedad y también el exterior. Si tiene algunos elementos únicos, muestra fotos de cerca de esos elementos. Por otra parte, trata de no resaltar los elementos desactualizados. Haz lo posible por mostrar una propiedad limpia y ordenada. Recuerda que cuando los posibles inquilinos ven tu propiedad en línea, posiblemente la comparen con fotos de otras propiedades. Algunos propietarios contratan fotógrafos profesionales para usar en el mercadeo de sus propiedades. Cuando le hagas publicidad a tu propiedad para alquiler, quieres asegurarte de que resalte entre otras propiedades en la misma categoría de renta.

2)   **Considera permitir mascotas.** Todos hemos escuchado historias de cómo una mascota puede demoler una residencia, pero de nuevo, algunas personas también destruyen sus residencias. Como la pertenencia de propiedades está disminuyendo, debes saber que una política abierta a mascotas, usualmente para perros y gatos, puede incrementar la comercialización de tu propiedad. Puedes limitar la estadía de mascotas como veas prudente (limitando el número o tamaño de las mascotas), e incluso puedes cobrar un depósito o impuesto adicional por una mascota. Obviamente, cuando dices que permites gatos en la unidad, no quieres que el inquilino tenga tigres o leones allí. Ja. Y muchos propietarios restringen a perros de tamaño mediano o pequeño. ¡Los Gran Daneses no están permitidos! Si tienes dificultades comercializando y rentando tu propiedad, esta puede ser una buena opción para considerar. Conocemos un dueño de propiedades de renta que alquila a muchas personas mayores que

previamente tenían viviendas pero están reduciendo el tamaño. Él hace bien permitiendo mascotas en sus propiedades, haciéndolas disponibles para muchos más inquilinos potenciales.

3) **Instala cerraduras inteligentes en tus propiedades**. Si no estás familiarizado con las cerraduras inteligentes, son dispositivos electrónicos que permiten entrada sin llave a través del uso de un teléfono inteligente. Aunque obviamente hay un costo involucrado en la instalación de entrada sin llaves, las investigaciones muestran que estos costos por lo general se pagan a sí mismos en siete meses luego del gasto. Por lo competitivo que puede ser el mercado de rentas, el dinero es tiempo cuando se trata de arrendar propiedades. Cuando un inquilino te pide ver una propiedad y no eres capaz de responder inmediatamente debido a conflictos de agenda, se moverán a la siguiente propiedad y podrías perder a ese inquilino potencial. O si te retrasas en mostrarles la propiedad, es probable que el arriendo pueda retrasarse. Los estudios muestran que las propiedades con cerraduras inteligentes se arriendan entre 3 y 7 días más rápido que las propiedades con cerraduras convencionales. Las cerraduras inteligentes no solo son más seguras y más convenientes para inquilinos, también añaden valor a la propiedad y permiten muestras automáticas en las que el propietario o administrador no tienen que estar presentes.

4) **Paisajismo/Actualización simple**. El atractivo visual es extremadamente importante. Hay muchas formas económicas en las que puedes hacer tu propiedad más atractiva para inquilinos potenciales. Cuando visiten la propiedad, cualquier inquilino potencial verá el exterior de tu casa antes de ver el interior. Si ya están desanimados antes de ver el interior del lugar, podrías haber perdido tu oportunidad de rentar la propiedad. Muchos cambios de paisajismo pueden ser hechos con un presupuesto modesto. Estos cambios no solo aumentarán la comerciabilidad de la propiedad, también incrementarán su valor general. Lo mismo aplica para cualquier elemento en tu propiedad que esté notablemente desactualizado. Elementos como encimeras de granito en la cocina, fregaderos de acero inoxidable, baños bien estructurados y dispositivos actualizados pueden fácilmente incrementar la comerciabilidad de la propiedad sin costarte una fortuna.

5)   **Revisión general de la renta**. Una vez que rentes la propiedad, te conviene hacer una revisión general inmediata con el nuevo inquilino. Esta revisión te permitirá identificar cualquier preocupación inmediata que tenga el inquilino. También te permitirá documentar cualquier preocupación posible. Es mejor identificarlas al comienzo del arriendo, para que cualquier cambio requerido pueda ser hecho de inmediato. También, es mejor señalar cualquier problema al principio del arriendo en vez de al final. Por ejemplo, si pasaste por alto algunas manchas en la alfombra al comienzo del arriendo (quizás el hombre que instaló el nuevo calentador de agua produjo un goteo cuando quitó el calentador viejo), esas manchas serán documentadas y fotografiadas en la revisión, entonces esto no será un punto de contención al final del arriendo cuando el reembolso del depósito salga a relucir. Estas cosas siempre deben ser documentadas, porque para el momento que llegue el final del contrato, puedes haber olvidado estos problemas hasta que el inquilino los mencione de nuevo.

6)   **Actualizar cuando la propiedad está vacante**. Cuando sea posible, debes hacer tus actualizaciones entre arriendos o cuando la propiedad esté vacante. Obviamente no quieres causar inconveniencias a tus inquilinos actuales con actualizaciones, si estas pueden esperar y no son una emergencia. Debemos mencionar que es importante que te tomes un tiempo para reevaluar tu propiedad entre inquilinos y, si la unidad necesita actualización o renovación, entonces puedes retrasar la fecha de inicio del nuevo arriendo mientras haces las renovaciones.

7) **Atiende inmediatamente las preocupaciones de los inquilinos**. Mencionamos esto brevemente antes, pero es importante que tú como propietario siempre atiendas las preocupaciones y peticiones de los inquilinos inmediatamente. Si un inquilino piensa que eres discipliente respecto a sus peticiones, pueden sentir que no te importa y que solo te interesa tomar su dinero al final de cada mes. Si el inquilino solicita una reparación y no puedes tener a alguien allí inmediatamente para rectificar el problema, mantén a tu cliente informado en exactamente cuándo pueden esperar que el problema sea solucionado. Nuevamente, un recordatorio, los inquilinos que sienten que su arrendador es atento a sus necesidades, son mucho más propensos a extender sus arriendos.

8) **Expresa aprecio**. Una relación entre el arrendador y el inquilino debe ser una vía de doble sentido y debes darle importancia a decirle a tus inquilinos cuánto los aprecias (si en verdad lo haces). Algunos arrendadores envían tarjetas de cumpleaños, de fiestas o de agradecimiento a los inquilinos. Otros propietarios envían notas escritas a mano diciéndoles a los inquilinos apropiados cuánto aprecian sus pagos de renta puntuales o cuánto aprecian que siempre mantengan la propiedad limpia y en buenas condiciones. Nuevamente, un inquilino que se siente apreciado es más propenso a extender el arriendo.

9) **Solicita un seguro de arriendo**. Esto es algo que a menudo es pasado por alto por los propietarios. Harás bien en solicitar a tu inquilino que tenga seguro de arriendo y pedir pruebas de ese seguro. Puedes pensar que el inquilino es el único que se puede beneficiar de su propio seguro. Bueno, tú también puedes beneficiarte. Digamos que el inquilino deja la llave de la bañera abierta y se inunda la unidad…o que dejan la estufa encendida mientras hablan por teléfono y resulta en un incendio. O, ¿qué sucede si tu inquilino destruye la unidad por completo, excediendo por mucho el depósito de seguridad que tienes para esa unidad? En estas ocasiones, serás capaz de beneficiarte del seguro de tu inquilino.

10) **Mantén los depósitos de seguridad por separado**. Hablando de depósitos de seguridad, por favor recuerda que cuando un inquilino hace un depósito de seguridad, ese no es tu dinero y sería sabio de tu parte mantener ese dinero separado y en garantía. Si no eres capaz de reembolsar el depósito de seguridad al final del arriendo, puedes estar sujeto a multas que pueden exceder el monto del depósito.

11) **Usa un software de administración de propiedades**. Un recibo perdido puede costarte una posible deducción de impuestos. Un arriendo perdido o mal ubicado puede costarte meses en procedimientos de desalojo en una corte. La tecnología puede ayudarte a administrar tu propiedad. En vez de tener notas o papeles en múltiples áreas de tu oficina, puedes tenerlos todos en un solo lugar. Puedes usar tecnología para llevar registro de tus catálogos de propiedades, de los pagos de renta, de peticiones e historial de reparaciones, arriendos firmados e investigaciones de inquilinos. Es buenos tener toda esta información en el mismo lugar. Un software de administración de propiedades puede ayudarte a hacer eso.

12) **Está dispuesto a hacer concesiones y a extender los términos del arriendo a buenos inquilinos**. Como mencionamos antes, encontrar buenos inquilinos puede ser una tarea difícil y agotadora. Por lo que una vez que encuentres un buen inquilino, debes trabajar duro para mantenerlo. Una propiedad vacante te costará dinero, incluso si solo está vacante por un mes. Siguiendo la misma idea, tendrás que gastar tiempo adicional en conseguir un nuevo inquilino, que podría no ser tan bueno como el anterior.

Previamente mencionamos la importancia de atender prontamente las peticiones de los inquilinos y también establecer una buena línea de comunicación con tus inquilinos. Otra forma de mantener buenos inquilinos es ofrecerles extender o hacer concesiones a su arriendo. Hemos conocido propietarios que tienen mucho éxito haciendo u ofreciendo concesiones de renovación. Ejemplos de concesiones pueden ser un mes de renta gratis con una extensión mínima de 12 meses, ningún incremento de renta si el arriendo es extendido antes de una fecha específica, o, si vives en un área del norte y el arriendo expira durante el invierno, puedes ofrecer extender el arriendo con la misma tasa por solo algunos meses. Esto le permitirá a tu inquilino dejar la vacante en un momento en el que el clima es más apropiado para mudarse y te permitirá a ti tener un mejor momento para encontrar un nuevo inquilino, cuando el mercado de rentas es más activo. Nuevamente, líneas de comunicación abiertas con un inquilino, pueden hacer tu trabajo como propietario mucho más fácil. Mantén el contacto con tus inquilinos para saber cuáles son sus intenciones cuando el arriendo expire. Esto te ayudará desde un punto de vista de planeación y también te puede ayudar a tener una idea de si tu inquilino está siquiera abierto a una extensión.

De forma similar, si las tasas de alquiler en tu mercado han estado disminuyendo y tu tasa de arriendo es ahora por encima de la del mercado, ofrecer un mes gratis de renta o incluso medio mes de renta por una extensión, puede aumentar tu oportunidad de obtenerla y puede evitar que tu inquilino busque otras propiedades.

Capítulo 8 – Precauciones

Si estás pensando comenzar en el negocio de los bienes raíces para renta, probablemente has escuchado historias de éxitos tremendos. Esas historias pueden haber amplificado tu interés en el negocio. Habiendo dicho eso, también necesitas estar consciente de los posibles inconvenientes del negocio. La naturaleza humana nos dice que los inversores no te cuentan tan fácilmente las historias de terror que cómo cuentan las historias de éxito. Cualquier negocio que tiene mucho éxito probablemente también tiene riesgos serios. Este es el caso del negocio de las rentas de bienes raíces. Nunca intentaríamos disminuir tu interés en entrar a la industria, pero queremos recordarte que entres en el negocio de bienes inmuebles con tus ojos bien abiertos, tal como lo harías con cualquier otro negocio. Aquí hay algunas razones comunes por las que los inversores en propiedades de alquiler fracasan:

1) **Subestimar el capital general de inicio.** Algunos inversores cometen el error de subestimar cuáles serán sus costos iniciales para una propiedad de alquiler. Miran el precio de venta de la propiedad y luego subestiman los costos de renovación de esa propiedad o los costos para hacerla comercializable. Por favor ten en cuenta que, aunque el precio de venta de una propiedad puede ser el gasto principal, tienes que tener suficiente dinero para hacer la propiedad comercializable. Te servirá investigar costos de renovación antes de comprar la propiedad. También harás bien en tener más de los montos que estimas para que tengas un colchón extra para los proyectos que puedes haber pasado por alto o para los costos que sean más altos que lo estimado originalmente. Siempre advertimos a los inversores en propiedades de renta de que no piensen que sus gastos se detienen con el cierre en la propiedad. Para algunos propietarios,

allí es cuando los gastos comienzan. Incluso si la propiedad que compras está en buenas condiciones, puedes tener que hacer algunas actualizaciones para llevar tu propiedad a los estándares, especialmente si vas de lo que era una propiedad ocupada por el dueño a una propiedad de alquiler. Muchos estados y municipalidades tienen diferentes regulaciones para propiedades en renta y te servirá saber cuáles son las reglas en tu estado y municipalidad. Si no sabes, puedes tener algunas sorpresas costosas.

2) **Subestimar o no planear para reparaciones de emergencia/no esperadas**. Esta es otra trampa que puede llevar al fracaso. El calentador que pensaste que le quedaban de tres a cinco años deja de funcionar y recibes una llamada tarde en una fría noche de tu inquilino diciéndote que no tiene calefacción. Tienes que contactar y contratar a una compañía de calefacción inmediatamente para averiguar cuál es el problema. El técnico al que contrates te dice que el calentador está dañado y que tienes que comprar uno nuevo. Los nuevos calentadores no son baratos y tienes que tener acceso a efectivo inmediato para el nuevo calentador y para la instalación. O eso, o puedes enfrentar acciones legales de parte de un inquilino descontento. Tienes la idea. Si te vas a involucrar en el negocio de las propiedades en alquiler, tendrás que tener fondos de contingencia para cubrir emergencias inesperadas y a veces substanciales.

3) **Inquilinos desaparecidos/Inquilinos problema**. Ok, compraste tu primera propiedad para alquiler y pasaste dos meses rehabilitándola y otro mes buscando un inquilino. La renta mensual llega a tiempo cada uno de los tres primeros meses, pero luego no recibes la renta por el cuarto mes. Te cuesta contactar al inquilino y cuando finalmente lo haces, te informa que tuvo algunas emergencias familiares y que no ha sido capaz de conseguir los fondos para la renta de este mes. Tratará de conseguir el dinero pronto, pero las cosas no se ven prometedoras ya que fue despedido de su trabajo poco después de que se mudó a la propiedad. Bueno, realmente no esperabas eso.

Ahora, rápidamente tienes que familiarizarte con el proceso de desalojo. No solamente te estará faltando el ingreso que esperabas por la renta, sino que ahora tendrás que contratar a un abogado para desalojar al inquilino. ¿Y cuánto tiempo para desalojarlo? Cada estado tiene leyes distintas sobre desalojos de inquilinos y algunas de esas leyes les permiten a los inquilinos quedarse mucho más tiempo del que son bienvenidos. Y luego tienes que perder tiempo comercializando y arrendando la propiedad de nuevo, lo que puede tomarte entre 30 y 60 días luego del desalojo. Tienes la idea. Necesitarás tener fondos de contingencia para responder por inquilinos que no cumplen. Sí, puedes reducir tus posibilidades de un inquilino desaparecido investigando apropiadamente a ese inquilino antes de arrendarle la propiedad, pero incluso así, la vida pasa y pueden presentarse inquilinos que ya no son capaces de pagar la renta. Escuchamos una historia interesante de un inversor principiante en propiedades de alquiler que decidió rentar su condominio luego de comprar una nueva vivienda. Rentó su condominio a un hombre y a su novia. El inquilino era un abogado con un buen sueldo en una firma de abogados reconocida. La novia, que no estaba en el contrato, tenía una carrera de modelo emergente. Los pagos de renta de este inquilino siempre eran puntuales hasta que se detuvieron por completo cinco meses después. Al contactar al cliente, el propietario fue informado de que el hombre y su novia tuvieron una pelea y ahora el hombre vivía con un amigo en vez de vivir en la unidad de renta. La novia, ahora aparentemente la exnovia, había continuado viviendo en la unidad luego de la pelea.

El inquilino, un abogado, dijo que ya no pretendía hacer los pagos (aunque tenía un arriendo sólido de 12 meses) y que ya no viviría allí. Si su exnovia quería quedarse con el arriendo, eso estaba bien para él. Dejado solo para defenderse contra un inquilino que era un abogado, el propietario sabía que estaba en medio de un fiasco. Hizo una inspección sorpresa de la propiedad y descubrió que la puerta del frente tenía daños extensos, probablemente de alguien que intentó romperla en una pelea doméstica. Luego de entrar a la unidad, también descubrió que había gatos en ella, a pesar del hecho de que las mascotas no estaban permitidas en el acuerdo de arriendo. También notó daño substancial en las alfombras por lo que parecía ser tinte para el cabello.

¿Quién lo hubiese pensado? El propietario había investigado apropiadamente a su inquilino, había rentado a alguien que podía pagar fácilmente la renta mensual y a alguien que parecía ser un inquilino que cuidaría la propiedad. Sin embargo, allí estaba, teniendo que comenzar procedimientos legales contra su inquilino abogado. Cuando el propietario contactó a la novia, descubrió que estaba entre trabajos de modelaje y que no podía pagar el monto total de la renta porque su ex se negaba a ayudarla. Ofreció pagar la mitad de la renta. Esto era inaceptable para el propietario y sabía que tendría que contratar a un abogado para comenzar procedimientos legales en contra de su inquilino. Afortunadamente, la mujer aceptó mudarse al final del mes, por lo que no tuvo que desalojarla.

Sí, es una historia de terror, pero tiene un final "feliz". Justo antes de que el propietario comenzara los procedimientos legales contra su inquilino abogado desaparecido, mencionó el problema a uno de sus compañeros de racquetbol, un abogado corporativo para la compañía para la que él trabajaba. Irónicamente el abogado corporativo tenía una relación de trabajo cercana con la firma de abogados para la que trabajaba el inquilino. El abogado corporativo llamó a un socio de la firma de abogados. Ese mismo día, el abogado desaparecido envió un cheque por el monto que debía y por todos los meses restantes del arriendo. El propietario luego se enteró que el socio en la firma de abogados había leído el acta de rebelión al inquilino y le dijo que si esperaba ser socio algún día, le aconsejaba no manchar la excelente reputación de la firma. Habiendo dicho eso, el inquilino entregó un gran cheque cubriendo el resto de los meses del arriendo y también se ofreció a pagar por la puerta y la alfombra dañadas. Al final, este propietario principiante tuvo suerte. Fue pura casualidad que este problema fuera resuelto tan fácilmente. En la mayoría de los casos, el propietario se hubiera quedado "sosteniendo la bolsa", sin ver nunca los meses restantes de deuda del arriendo.

Esta historia ilustra dos posibles áreas que pueden causar que los inquilinos incumplan: no pagar y daños a la propiedad. La mayoría de ustedes han escuchados historias terribles acerca de unidades de renta que han sido dejadas en destrucción por los inquilinos. Un blog de moneycrashers.com contó la historia de un propietario que les rentó a tres estudiantes universitarios. De nuevo, por falta de pago, el arrendador hizo una inspección de la propiedad. Encontró un gran agujero en el techo separando el segundo piso de la planta baja. Un largo tubo de bomberos había sido instalado imprudentemente para permitirle a los inquilinos fácil acceso desde el piso de arriba hacia el piso de abajo. El grafiti que ahora cubría las paredes de la unidad, era la menor preocupación del propietario.

4)   **Desalojos.** Si tienes la impresión de que los desalojos son sencillos, tienes otra cosa esperándote. Los desalojos pueden ser costosos y requieren tiempo. Primero, puedes notar que las cortes están llenas y tienes que esperar por una fecha en la corte. Presumiendo que ganes el caso y que la corte apruebe el aviso de desalojo, podrías tener que esperar un poco a que el sheriff o un miembro de las fuerzas legales te acompañen cuando ejecutes el desalojo. Luego puedes notar que dejaron pertenencias. La mayoría de las leyes estatales no te permiten desechar esas pertenencias por un cierto período de tiempo y podrías tener que pagar para almacenarlas. Además, no debe ser una sorpresa que algunas propiedades vacantes no siempre son dejadas en las mejores condiciones y podrías tener que gastar mucho tiempo y esfuerzo limpiando la unidad o haciendo reparación de daños. Y también está el hecho de que el desalojo de un inquilino puede tomar hasta 90 días o más en algunos estados o municipalidades que requieren muchos pasos para desalojar. Entonces, puedes ver como los desalojos pueden desanimar a los propietarios. En el negocio de propiedades de renta, el tiempo es

dinero, y el tiempo y dinero que gastas desalojando a un inquilino pueden tener un impacto significativo en tu negocio de propiedades de alquiler.

5) **Administración de finanzas.** Quien sea que esté en el negocio de propiedades de alquiler te puede decir que las finanzas de un propietario no se mantienen constantes. Puedes sentarte al principio del año y hacer proyecciones para tu propiedad o propiedades, pero te darás cuenta de que tus proyecciones mensuales pocas veces serán lo que pensaste que serían. Las cosas posiblemente estarán saliendo bien si tus unidades están rentadas, no tienes ninguna vacante, tus inquilinos están pagando a tiempo, y no son necesarias reparaciones mayores. ¿Pero qué pasa si tienes cinco unidades y dos de ellas están vacantes? ¿Estás preparado financieramente para eso? Ya sea que estés experimentando saciedad o hambre con tu negocio de renta de bienes raíces, necesitas ser disciplinado en tus finanzas. Incluso si las cosas están yendo extremadamente bien, no puedes estar seguro de cuándo tu propiedad o propiedades requerirán reparaciones mayores o estarán vacantes. Necesitas responder por esos malos tiempos, acumulando suficientes fondos de contingencia cuando los tiempos son buenos. En la sección anterior de desalojos, viste cuánto puede tomar un desalojo. Quieres asegurarte de tener fondos para "salir de la tormenta" en caso de que pase. Lo mismo sucede con las vacantes y con la dificultad de rentar una unidad; igualmente para reparaciones mayores. ¿Tienes el dinero en la mano para reemplazar un calentador si deja de funcionar? Todas estas son cosas a considerar como un propietario.

6) **Mantén tus propiedades seguras y en buenas condiciones.** Si tienes un inquilino que se lastima en tu propiedad, es probable que seas demandado. Incluso si tu seguro de propietario cubre tu responsabilidad, probablemente tendrás que contratar a un abogado que te represente. Incluso con las políticas de propietario, se espera de ti que mantengas tu propiedad segura y en funcionamiento.

Como un propietario, te conviene saber cuáles son los códigos de seguridad locales y luego seguir esos códigos. Hemos escuchado historias de propietarios que han sido demandados por grandes cantidades de dinero porque no estaban siguiendo los códigos locales de seguridad, porque no los sabían o porque los ignoraron.

7)   **Impuestos.** No pases por alto los impuestos sobre propiedades. Asegúrate de entender el impacto que los impuestos pueden tener en tu propiedad y planea y ahorra de forma acorde. No debe ser sorpresa para nadie el descubrir que los impuestos sobre la propiedad pueden tener un impacto mayor sobre tu negocio. Sabiendo estos números por adelantado, deberías ser capaz de incorporarlos en las tasas de renta para tus inquilinos.

Las historias anteriores sobre precauciones no están para nada dispuestas para asustarte en la compra de propiedades para renta. Comprar y poseer propiedades de alquiler puede ser un negocio muy lucrativo…si se hace correctamente. No todo es diversión y juegos y nunca debe ser considerado un hobby. Es un negocio serio y no es para todos. Pero si estás dispuesto a hacer tu tarea y a trabajar diligentemente para convertirte en un buen arrendador, tendrás la oportunidad de hacer dinero en el negocio de las propiedades de alquiler.

Buenas razones para dejar ir una propiedad de alquiler.

Muchos inversores en propiedades de renta se preguntan sobre cuándo es un buen momento para vender la propiedad que poseen. Hay un número de situaciones que conducen a vender tu propiedad:

1)   **Puedes obtener más de lo que pagaste por ella.** Tu estrategia de inversión tendrá un impacto en la decisión de vender una propiedad que se ha apreciado. Si la propiedad se ha apreciado en valor y te está trayendo ganancias con el alquiler, tendrás que decidir

si quieres venderla en algún momento. Algunos inversores quieren vender la propiedad y cobrar sus fichas mientras pueden; otros prefieren el ingreso mensual que obtienen por la propiedad y escogerán aferrarse a la propiedad. Debemos resaltar que se vendes una propiedad apreciada, sabrás exactamente lo que obtendrás de esa propiedad. Si la mantienes, no sabrás si se apreciará o depreciará en valor; tampoco sabes si se mantendrá tan estable como un centro de ganancias por alquiler, dependiendo del área en la que esté y del inventario de propiedades en renta en esa área.

2) **Flujo de dinero negativo.** Kenny Rogers tenía una canción que decía: "Debes saber cuándo mantenerlos, saber cuándo guardarlos, saber cuándo alejarte, saber cuándo correr". Aunque esas líneas de su canción no están hechas para describir propiedades en renta, con seguridad aplican a ellas. Si tienes una propiedad que no está generando dinero, probablemente es momento de dejarla ir...a menos de que tengas indicadores absolutos de que podrás darle la vuelta rápidamente. Algunos inversores en bienes raíces se quedan atrapados en la idea de que quizás el flujo de dinero negativo de las propiedades va a cambiar en el futuro o no pueden dejar ir el vínculo emocional que tienen con esas propiedades. Necesitamos recordar que una de las razones principales por las que las personas invierten en propiedades de alquiler es para hacer dinero. Si tienes una propiedad que no está generando dinero, probablemente es tiempo de venderla y usar ese dinero para invertir en algo más rentable.

3) **Un mercado fuerte de ventas.** Si tienes un mercado que tiene un bajo inventario de propiedades de alquiler en tu área una tasa hipotecaria baja para los compradores, es buen momento para considerar la posibilidad de vender tu propiedad. Todos sabemos que la economía de bienes raíces (y la economía en general) es cíclica y te serviría vender tu propiedad cuando los factores están a tu favor.

4) **La propiedad ya no encaja con tus planes.** Quizás estás cerca a jubilarte. Quizás tengas problemas de salud. Quizás estás cansado de toda la atención que requieren tus propiedades de alquiler. Poseer propiedades de alquiler puede ser muy rentable pero nadie dice que venga sin trabajo. Si la propiedad ya no encaja con tus planes, quizás es momento de cobrar tus fichas.

5) **Estás en una Buena situación con los impuestos de ganancia de capital.** Si no estás seguro de si estás en una Buena situación con respecto a los impuestos de ganancias de capital, debes consultar con tu consejero financiero. Si eres capaz de vender tu propiedad sin muchos impuestos de ganancias de capital, estás en una buena posición para vender.

Cinco Estrategias de Salida Cruciales para Tus Inversiones en Bienes Inmuebles

¿Qué es una estrategia de salida? Puedes preguntar. Simplemente, es un plan de inversión de un propietario para removerse a sí mismo de la inversión. Muchos inversores en bienes raíces exitosos tiene un plan de salida específico cuando comienzan con una inversión. Otros esperan entrar a la inversión y ver cómo les va, y luego desarrollan sus planes de salida. De cualquier manera, es importante desarrollar algún tipo de plan de salida temprano en el proceso, para que puedas determinar rápidamente cuándo salir de la inversión. Los inversores que no tienen planes de salida, usualmente mantendrán la propiedad por mucho tiempo, costándoles posiblemente miles de dólares (algunas veces decenas o cientos de miles de dólares).

Los inversores salen de propiedades por varias razones. Quizás el tiempo es el correcto para tener una ganancia máxima sobre la propiedad. Quizás quieren salir de la propiedad y usar las ganancias para comprar propiedades o inversiones de más alto nivel. Quizás el inversor ha determinado que las inversiones en bienes raíces no son para él. Quizás el inversor se está jubilando o tiene problemas de salud o una familia, o una emergencia financiera.

Aquí hay cinco estrategias de salida principales para inversores en bienes raíces:

1) **Restaura y vende.** Aunque esta estrategia no tiene nada que ver con propiedades de alquiler, merece ser mencionada como una estrategia de salida de bienes raíces debido a la popularidad de la restauración y reventa, en la cual los inversores compran propiedades, trabajan rápidamente para mejorarlas y luego las venden con una ganancia.

2) **Compra y mantén.** Esta estrategia tiene todo que ver con inversiones en propiedades de alquiler, ya que los compradores compran una propiedad, algunas veces la renuevan, otras veces no, y luego prestan la propiedad a arrendatarios con la idea de tener un flujo de dinero estable por la propiedad mientras construyen pertenencia sobre la misma. Afortunadamente para el inversor, la propiedad se va a apreciar en valor al mismo tiempo que crea un flujo de dinero estable y luego el comprador puede vender la propiedad en el momento apropiado y obtener una buena ganancia.

3) **Venta al mayor.** Esto es cuando alguien actúa como un intermediario en la compra de una propiedad. Compran la propiedad sin intención de ocuparla o rehabilitarla y luego se voltean y la venden al comprador final con una ganancia. Esta estrategia es un poco similar a la estrategia de restaurar y vender, sin embargo, el vendedor no pone ningún esfuerzo en el proyecto (sin rehabilitación ni renovación). A diferencia de las restauraciones, que pueden generar ganancias inmensas si se hace correctamente, las ventas al mayor generalmente generan márgenes de ganancia menores.

4) **Financiamiento de vendedor.** Con esta estrategia, el vendedor actúa como un banco. En esencia, el vendedor financia la compra de la propiedad, con el vendedor y el comprador teniendo una nota promisoria que incluya la tasa de interés y la agenda de pagos acordadas. Desde el punto de vista del vendedor, puede continuar generando ingresos por la propiedad para cubrir el préstamo hipotecario y su retorno sobre la inversión también incremente debido a la tasa de interés.

5) **Renta con derecho a compra.** Con esta estrategia, el dueño de la propiedad renta la propiedad de inversión a un inquilino, y luego de un período de tiempo predeterminado, el inquilino podrá comprar la propiedad. En algunos casos en un acuerdo de renta con derecho a compra, una porción del pago mensual de renta se separa para la compra de la vivienda. Este tipo de acuerdos le permite al vendedor continuar generando ingresos por la propiedad, y luego si el inquilino o comprador potencial se va de la propiedad por cualquier razón, el vendedor aún ha podido establecer pertenencia sobre la propiedad.

Se debe destacar que hay numerosos factores que determinarán si un inversor debe salir de una propiedad. Las metas a largo plazo versus las metas a corto plazo, a menudo son un factor. El precio de compra de la propiedad, valor de la propiedad y condición de la propiedad también pueden ser factores. Demanda y oferta, potencial de ganancia, condiciones del mercado y opciones de financiamiento también serán factores.

Incluso si un inversor tiene un plan de salida al principio de la compra de una propiedad, esos planes pueden descarrilarse por muchos factores. Si la propiedad se deprecia, el inversor puede querer dejarla antes de lo esperado o esperar hasta que la propiedad se aprecie de nuevo. Los problemas con inquilinos pueden hacer más difícil o atrasar la venta de una propiedad. Lo mismo pasa con costos mayores inesperados de mantenimiento. Mala administración de la propiedad puede tener un impacto mayor en la rentabilidad de una propiedad y en cuándo será vendida. Y, finalmente, una falta de demanda puede afectar la estrategia existente para una propiedad. No puedes vender una propiedad si no hay demanda.

Conclusión

Bueno, si leíste hasta aquí, ahora debes saber mucho más que cuando comenzaste acerca de las oportunidades que están disponibles para ti en las rentas de bienes inmuebles. Debes tener un mejor entendimiento de lo que las inversiones en bienes raíces para alquiler pueden hacer para ti y cómo puedes hacer dinero a partir de esas inversiones. Sabrás que, si puedes prestar atención a todas las áreas y responsabilidades de las inversiones de propiedades de bienes inmuebles para la renta, tienes la oportunidad de generar dinero, algunas veces mucho dinero. También sabes que, si descuidas cualquiera de las áreas, inhibirás tus oportunidades de éxito y posiblemente incluso fracasarás.

Sabes cómo evaluar propiedades para posibles inversiones y también sabes cómo evaluar los vecindarios o áreas en donde están esas propiedades. Sabes todo acerca de la regla del 1% y la fórmula para asegurarte de que las propiedades en las que estás invirtiendo son viables. Como muchos de ustedes son inversores principiantes, van a tener que determinar formas de financiar su primera propiedad, a menudo sin mucho dinero disponibles. Te contamos sobre el hackeo de casas, una gran forma de comenzar en el negocio de bienes raíces para la renta. También te dimos otras ideas de cómo obtener propiedades sin dinero inicial y otras técnicas para ahorrar dinero que puedes usar para el pago inicial de tu propiedad.

Tocamos brevemente el tema de inversiones en bienes raíces comerciales para alquiler, que generalmente es para inversores que suben en la cadena alimenticia de novatos hasta expertos. Te dijimos como "construir" y desarrollar un equipo de bienes raíces para asegurar tu éxito como inversor y te dijimos a quiénes incluir en ese equipo.

Rehabilitar propiedades es extremadamente importante con la mayoría de las propiedades de clase C y con algunas de clase B. Te dimos una guía paso a paso de cómo rehabilitar propiedades. De la misma forma, ahora sabes qué tipo de proyectos de rehabilitación son más importantes para las propiedades de alquiler. Y también sabes algunos proyectos simples y económicos que puedes hacer para incrementar de inmediato el valor de la propiedad.

Como propietario, tendrás que decidir cómo quieres administrar tu propiedad. ¿Quieres usar el enfoque de estar involucrado, el mixto o el de delegar? Sin importar el enfoque que escojas, tendrás que hacer todo lo posible para encontrar buenos inquilinos para tu propiedad. Los buenos inquilinos pueden ser la vida de cualquier inversión en propiedades de renta; los malos inquilinos pueden quebrarte.

Como la mayoría de las personas comienzan en bienes raíces para hacer dinero, encontrarás que te servirá tener un plan de salida para las propiedades en las que inviertes. "Saber cuándo dejarlos", como diría Kenny Rogers. Hemos mencionado las razones principales por las que las personas salen de propiedades, y también las estrategias que usan para salir de ellas.

En conclusión, poseer propiedades de renta de bienes raíces puede ser muy lucrativo financieramente, si te puedes enfocar en todas las diferentes áreas del negocio. Si puedes investigar para encontrar buenas propiedades a buenos precios, si puedes encontrar buenos inquilinos y cuidarlos, si puedes administrar bien las propiedades, tendrás una gran oportunidad de ser exitoso. Habiendo dicho eso, poseer propiedades de alquiler no es un hobby. No es dinero fácil; tendrás que prestar atención a los detalles si vas a tener éxito. Pero si utilizas muchos de los consejos y técnicas ofrecidas en este libro, es probable que seas exitoso y que estés en el camino a la libertad financiera.

Dicho eso, te dejamos con estas palabras: ¡Deseándote éxito. Vayamos por ello!

Presupuesto minimalista

Logre la libertad financiera estrategias de gestión de dinero inteligentes para presupuestar con eficacia. Aprenda maneras de ahorrar e invertir

Tabla de Contenidos

Introducción

El Mindset de Presupuesto Minimalista es una guía para ayudarle a ahorrar dinero, gastar menos y vivir más eficientemente con un estilo de vida minimalista.

La mayoría de las personas realizan presupuestos con pocas ganas y lo ven como algo imposible de lograr. Este libro le dará un enfoque diferente al presupuesto. Resulta desafortunado que la idea de vivir dentro de sus posibilidades se experimente como un déficit. Después de todo, aporta abundantes beneficios. Este libro le mostrará que cuando vive con un estilo de vida y un presupuesto minimalista, puede liberarse de las limitaciones del mundo moderno. Usted puede decir adiós a los problemas financieros y a los sentimientos de negación.

Un presupuesto minimalista es un enfoque de la autorrealización y la abundancia que puede parecer contrario a la intuición de la mayoría. Este libro ofrecerá una visión más amplia de lo que significa presupuestar. Usted se dará cuenta de que hay algo más que la administración del dinero. También aprenderá que cuando un presupuesto de vida considera su capital de comportamiento, emociones, sociabilidad y espiritualidad, usted tomará mejores decisiones.

Hablaremos sobre los gastos y los hábitos de compra, identificaremos las áreas problemáticas, exploraremos las deudas y cómo puede lograr sus metas financieras. Examinará las formas en que puede poner en práctica estos principios y asegurarse de que se mantenga motivado y concentrado. Este libro enfatiza el concepto de minimalismo en lugar de ahorro.

Si usted puede crear un presupuesto con una mejor comprensión de su relación con el dinero, y cómo afecta su estilo de vida, los cambios que usted aplicará serán duraderos y auténticos.

El minimalismo no se trata de sobrevivir con menos de lo que se necesita. Se trata de identificar lo que se necesita y satisfacer completamente la necesidad sin acumular excesos. Tener exactamente lo que necesitas no es sufrir. Por lo tanto, el presupuesto se trata de saber lo que necesita para tener lo suficiente, y la mejor manera de utilizar su dinero para lograrlo.

Vivimos una vida corta, y los bienes materiales y el dinero pueden proporcionarnos nuevas formas de disfrutar nuestra vida. Ellos pueden ayudarnos a acercarnos a lo que consideramos que vale la pena y que tiene sentido. Pero eso no significa que valgan la pena y tengan sentido en sí mismos. Cómo gastamos nuestro dinero es una expresión de lo que pensamos que es crucial y de nuestros valores, pero de ninguna manera dicta el valor o la calidad de nuestra vida.

¿Cuánto estaría dispuesto a pagar por la tranquilidad y la paz mental que se logra viviendo bien? ¿Cuánto de su vida pierde cuando trabaja? Cuando se trata de gastos, ¿recuerda considerar el tiempo que desperdició estresándose por el dinero? Estas preguntas pueden parecer demasiado filosóficas y vagas, pero nos ayudan a llegar a la raíz de cómo hacemos dinero, cómo lo gastamos y cómo formamos una mentalidad a su alrededor. Una vez que hayamos entendido estas raíces, nuestros esfuerzos por ahorrar dinero serán mucho más fáciles. Desarrollaremos una relación más significativa con el dinero, y esto puede significar la diferencia entre estar ajustado y ahorrar en grande.

¿Qué aprenderás después de leer este libro? Obtendrá una comprensión más profunda de lo que constituye un presupuesto a largo plazo. Usted identificará consejos cruciales y prácticos para ahorrar en asuntos de deudas, hijos, limpieza, hogar, salud, ropa y alimentos. También aprenderá a establecer metas realistas que se ajusten a su presupuesto personal. Aprenderás a poner en práctica todo lo que ha aprendido, a crear su propio presupuesto personal y mucho más.

Capítulo 1 - La mentalidad minimalista del presupuesto

En los últimos años, la tendencia minimalista se ha vuelto cada vez más popular en los Estados Unidos, particularmente entre la generación millennial. Ha inspirado a mucha gente a reducir sus posesiones y vivir sólo con lo que necesitan. Además de ayudarle a despejarse y ahorrar tiempo, la adopción de una mentalidad de presupuesto minimalista también puede ayudarle a liberar su vida financieramente.

Para tener un presupuesto minimalista, es crucial entrar en una mentalidad minimalista. Es la mentalidad de alguien que elige vivir una vida mínima y se asegura de que se convierta en la raíz de todo su comportamiento.

La mayoría de las personas que eligen simplificar su vida, lo hacen porque empiezan a pensar de manera diferente acerca de cómo pueden vivir una vida mejor. O quizás empiezan a notar la naturaleza destructiva de su consumismo irreflexivo, lo que lleva a un esfuerzo decidido por hacer un cambio.

Usted necesita cultivar la mentalidad correcta para asegurarse de que su dinero ganado con esfuerzo se gasta bien. Sin la mentalidad correcta, la transición al minimalismo será una tarea mucho más difícil. Intentará resistir las tentaciones. Usted tratará de reducir la cantidad de desorden físico y mental en su vida. Intentará buscar soluciones. Pero a medida que lo intente, los impulsos internos continuarán creciendo. Sin la mentalidad correcta, usted se encontrará en una recaída. Cualquier intento de minimalismo sólo lo hará volver corriendo para satisfacer sus deseos habituales. Esta es la razón por la que la preparación mental y emocional es vital.

Puede que desconfíe de la idea de los deseos insatisfechos. Esto no significa que deba renunciar al minimalismo. De hecho, la mentalidad de presupuesto minimalista no se trata de luchar contra sus deseos, se trata de aprender a dejar de desear.

Cuando haya cultivado la mentalidad correcta, se dará cuenta de que es fácil vivir una vida sencilla. Sus motivos los impulsarán y sus acciones caerán en su lugar.

La mentalidad de presupuesto se ve mejor como una reducción del desorden basado en sus prioridades. Esto no significa que deba deshacerse o dejar de comprar cosas que lo hagan feliz inmediatamente. La minimización debe hacerse a un ritmo razonable. Con el tiempo, usted comenzará a buscar solamente aquellas cosas que son cruciales.

La mayoría de la gente busca reducir las posesiones y objetos materiales, pero cuando la mentalidad minimalista está involucrada, se aplica también a las relaciones y actividades. Después de todo, muchas áreas de nuestra vida pueden estar llenas de excesos.

La mayoría de la gente no entiende por qué alguien querría vivir una vida dentro de un presupuesto minimalista. No entienden cómo alguien puede evitar los lujos.

Creen que deben vivir como quieren, y eso es cierto. Lo que esta gente no entiende es que vivir una vida minimalista con un presupuesto minimalista le permite hacer lo que quiera. Las cosas que quiere son simplemente diferentes. Vivir con un presupuesto minimalista trae muchos beneficios. Es sólo que la mayoría de la gente no es consciente de ello.

La mentalidad del dinero abarca los pensamientos y sentimientos que subconscientemente desarrolla hacia el dinero por experiencias de vida. Ya que nuestros pensamientos controlan nuestras acciones, el desarrollo de una mentalidad negativa cuando se trata de dinero puede crear una barrera enorme entre usted y la salud financiera. Puede resultar en estrés y ansiedad, y le impedirá alcanzar sus metas financieras.

Pero desarrollar una mentalidad de dinero negativa no significa que usted siempre se sentirá de esa manera. Siga leyendo para saber cómo puede desarrollar la mentalidad adecuada para ayudarle a alcanzar sus metas financieras.

Cómo cambiar drásticamente su forma de pensar de una mentalidad negativa a una mentalidad positiva cuando se trata de dinero

La mayoría de las personas saben lo que se supone que deben hacer cuando se trata de administrar el dinero: ahorrar fondos para una emergencia, gastar menos que el dinero que ganan e invertir para la jubilación. Pero desarrollar otros buenos hábitos es crucial. Administrar el dinero requiere disciplina y la disciplina no viene automáticamente; usted debe aprender y enseñarse a sí mismo a cumplir con sus propias metas.

Su éxito en la administración del dinero depende de cómo piensa acerca del dinero. Si desea eliminar el estrés financiero de su vida o mejorar en la administración del dinero, es vital que cambie su forma de pensar sobre el dinero y desarrolle una mentalidad positiva sobre el dinero. Se aplica a todos los aspectos de la vida. Usted necesita hacer un cambio positivo en todo lo que hace para tener éxito. Esto le ayudará a cambiar lo que habla y cómo lo hace.

Hablar y pensar de manera positiva hará una gran diferencia, pero también requiere acción. Es esencial que cambie la forma en que ha estado haciendo las cosas y que tome medidas en una nueva dirección para lograr un cambio real y duradero.

Durante los momentos de dificultad, como después de la muerte o pérdida de una pareja, puede parecer un desafío desarrollar una mentalidad positiva sobre cualquier cosa. Y no sólo por el dinero.

Usted podría experimentar aún más dificultades financieras después de esta pérdida. O tal vez no le falte dinero, pero no tiene conocimiento sobre cómo manejar sus finanzas, y esto lo pone nervioso sobre el futuro.

El estrés debido a las finanzas puede provenir de cualquier parte, y puede empeorar cuando el dolor o el trauma están involucrados.

Afortunadamente, hay muchos pasos que usted puede tomar para cambiar dramáticamente su forma de pensar de negativa a una positiva, y desarrollar buenos hábitos. Estos son los pasos que puede seguir:

1. Perdónese por los errores financieros que ha cometido

No encontrará a nadie que nunca haya dejado de pagar una factura o una tarjeta de crédito. Todo el mundo ha gastado parte de sus ahorros de improviso. Prácticamente todos los adultos han cometido los mismos errores, y por eso debe perdonarse a sí mismo.

Cuando se perdone por los errores del pasado, se liberará. Hará espacio para una actitud saludable y mejores prácticas para ahorrar dinero. Deje de enfocarse en la culpa y comience a enfocarse en el progreso.

2. Conozca su forma de pensar sobre el dinero

Usted puede pensar que entiende su actitud hacia el dinero, pero lo más probable es que no esté completamente consciente de cómo su modo de pensar afecta su toma de decisiones. Se recomienda que usted rastree los pensamientos que cruzan por su mente cada vez que tome una decisión con respecto al dinero.

Ya que tomamos muchas de estas decisiones en nuestras vidas, usted debe hacer esto por lo menos por un día entero y examinar los resultados. Busque patrones que le den una pista sobre su actitud.

Una vez que usted llegue a una mejor comprensión de su modo de pensar, será fácil identificar los hábitos y creencias que le impiden cumplir con los planes y metas.

3. No se compare con los demás

En la era de los reality shows, las revistas de celebridades y los medios sociales, es fácil hacer comparaciones. Nos comparamos con celebridades, amigos, familiares e incluso personajes de ficción de la televisión. Necesita dejar este mal hábito por algunas razones:

- Está comparando lo que sabes de sí mismo con lo que ve de otra persona. Con lo que se está comparando es con la mejor versión de la vida de alguien. Lo que se ve en los medios de comunicación es cuidadosamente curado para el público y de ninguna manera refleja la realidad.

- No conoce los detalles de las finanzas de los demás. Algunos pueden vivir una vida lujosa, pero es probable que muchas de estas personas también estén pagando las deudas de sus tarjetas de crédito.

- Después de compararse con los demás, se sentirá lleno de sentimientos de ineptitud. Esto desviará la atención de sus aspiraciones y finanzas, retrasando el progreso.

Por lo tanto, usted debe crear metas alcanzables, y medir su éxito de esta manera. Celebre las victorias y mantenga sus metas actualizadas cuando las logre.

4. Cree buenos hábitos y manténgalos

Una vez que haya establecido metas realistas, es bueno desarrollar los hábitos que le ayudarán a alcanzarlas. Si usted nunca ha mirado sus gastos en detalle o ha creado un presupuesto, entonces tal vez sea el momento de hacerlo. Cuando usted entienda cómo está gastando dinero, le será más fácil saber dónde puede ahorrar.

Esto le ayudará a crear metas alcanzables que, paso a paso, lo llevarán al éxito. Un hábito efectivo es seguir un tiempo establecido para revisar sus finanzas y verificar el progreso. Si está en una relación, escoja un momento que funcione para ambos y asegúrese de que ambos estén presentes.

Incluso si se designa a un socio para que sea el administrador del dinero, asegúrese de que ambas partes estén en la misma página y de que estén de acuerdo con los objetivos establecidos para evitar problemas de comunicación. Cuando tenga una idea clara de su situación financiera, podrá discutir cómo delegar dinero.

5. Conviértase en una esponja con mentalidad de dinero

Una de las maneras más fáciles de construir una mentalidad de buen dinero es rodearse de gente que vive de acuerdo con los valores que más admira. Cuando usted pasa tiempo con personas que tienen una buena mentalidad sobre el dinero, aprenderá activamente de ellos y se adaptará naturalmente a sus cualidades con el tiempo.

También puede buscar contenido gratuito en línea, ya que hay muchos expertos que hablan sobre estos temas a través de transmisiones en vivo, podcasts y videos de YouTube. Considere la posibilidad de invertir una hora en contenido de mentalidad del dinero todos los días.

Tomar este simple paso cambiará drásticamente su perspectiva y comenzará a eliminar aquellas creencias limitantes que le impiden alcanzar sus metas. Cambiar a las personas que le rodean cambiará su vida.

6. Identificar sus afirmaciones para el empoderamiento diario

Encuentre cinco frases que puede repetir diariamente para centrarse en sí mismo, mantenerlo alineado con sus metas financieras e inspirarlo a dar saltos hacia el éxito.

Por ejemplo, si lucha con la idea de que la gente con dinero es codiciosa, entonces es probable que esté involucrado en el autosabotaje subconsciente al mantener un trabajo mal pagado. La afirmación ideal para usted debe ser un recordatorio de que tener dinero y ser una buena persona son dos cosas diferentes. Siga diciéndose a sí mismo que devolverá más al mundo cuando tengas más dinero.

Si usted creció sintiendo que el dinero es escaso y que sólo algunas personas tienen derecho a él, entonces necesita recordarse a sí mismo que hay dinero ilimitado y que viene hacia usted porque se lo merece.

Anote afirmaciones poderosas y manténgalas en lugares como el tablero de su auto, su billetera, en el espejo de su baño o en la pantalla de bloqueo de su Smartphone. Sigue leyéndolos en voz alta. Puede parecer ridículo al principio, pero después de un tiempo, empezará a creerlas. La repetición conducirá a resultados, y todo en lo que se concentre comenzará a manifestarse en la realidad.

7. Eliminar el lenguaje negativo

Tal vez se haya dado cuenta de que la mayoría de la gente pasa mucho tiempo quejándose. A veces puede ser la manera más fácil de establecer un vínculo con alguien, romper un silencio incómodo u obtener alguna gratificación barata.

La mayoría de las conversaciones negativas giran en torno a cuatro temas: una mala relación, quejas laborales, una mala situación financiera o mala salud.

Si usted participa en estas conversaciones con frecuencia, necesita detenerse y concentrarse en sus sueños. No puede tener excusas y resultados al mismo tiempo. Cuando permite que las ideas negativas fluyan de su boca sin restricciones, puede caer en un sentido de autocompasión y auto victimización. Estos sentimientos le impedirán tomar acciones poderosas y le impedirán alcanzar sus metas.

Elimine el lenguaje negativo de su conversación personal y vea todo como una oportunidad de crecimiento. El lenguaje positivo puede parecer cursi al principio, pero lo llevará a creencias positivas que atraerán resultados positivos.

8. Consiga los mentores adecuados

Piense de quién recibe consejos. ¿Es su compañero? ¿Sus padres? ¿Sus compañeros de trabajo?

Desafíese a sí mismo a buscar el consejo de aquellos que ya han logrado las metas que usted está tratando de alcanzar. Tendrá que aclarar lo que quiere. ¿Quiere que su negocio gane más dinero? ¿Quiere un nuevo trabajo? ¿Quiere pagar toda su deuda?

Una vez que haya ganado claridad, busque mentores que hayan logrado lo que usted está tratando de hacer, y pase más tiempo con ellos.

9.   Practicar la gratitud

La gratitud diaria ha demostrado ser poderosa. Puedes empezar escribiendo tres cosas por las que estás agradecido cada día. Revise su diario de gratitud cada vez que se sienta abrumado o negativo acerca de sus finanzas. Esto le dará un impulso positivo.

10.   Aprender e implementar nuevos conocimientos

Ser educado en asuntos financieros le ayudará a sentirse seguro y en control del futuro. Considere la posibilidad de encontrar la educación adecuada para usted. Diferentes enfoques funcionan mejor para diferentes personas. Explore y descubra la educación financiera que más le convenga.

Encontrará libros, expertos y plataformas educativas que ofrecen una amplia gama de enfoques diferentes. La educación es crucial para mantener una mentalidad positiva sobre el dinero.

Libérese de una mentalidad consumista

La mayor parte de la población mundial tiene una mentalidad consumista. No sólo se refiere a la omnipresencia de la publicidad, sino a todo lo relacionado con la idea de que debemos tener más cosas para ser mejores, más exitosos o personas más felices. Esta mentalidad está impregnada en la cultura actual.

Debemos enfatizar que esta creencia consumista no se basa en ninguna verdad. Poseer menos trae más beneficios que poseer más. La libertad de una mentalidad consumista trae consigo:

- **Más libertad de comparación** - Usted se liberará de las constantes comparaciones con la vida de otras personas. Su mente ya no estará llena de envidia, mirando lo que otras personas tienen versus lo que usted no tiene.

- **Más tiempo y oportunidades para buscar otras cosas** - La mayoría de las cosas materiales se desvanecen, se estropean y perecen. Pero la alegría, el amor, el propósito y la compasión son eternos. Nuestras vidas son mejor vividas persiguiéndolas. Estar menos preocupado por las posesiones ofrece esta oportunidad.

- **Menos deuda** - El dinero que se habría destinado a comprar cosas nuevas sin sentido ahora puede ser invertido en áreas más importantes de su vida. Poseer menos le permite finalmente comenzar a ahorrar dinero y pagar sus deudas.

- **Menos estrés** - Muchas personas no se dan cuenta de esto, pero puede ser estresante ser dueño de cosas que ya no usa o que no le importan. Esto puede ser estrés inducido por la culpa o estrés por mantener el objeto. A veces estas posesiones inútiles pueden incluso interponerse en el camino. El hecho de poseer menos reduce estas tensiones.

- **Gratitud y satisfacción-** La manera más fácil de sentirse satisfecho es apreciar lo que tiene. Es natural que cuando se tiene menos, se aprecia aún más lo que se tiene. Es más probable que usted cuide y mantenga sus pertenencias cuando no tiene tanto de qué preocuparse.

Romper con el consumismo compulsivo es un paso importante hacia una vida simplificada. Entonces, ¿cómo logramos esta libertad? ¿Cuáles son los pasos necesarios para liberarse? Aquí hay una guía útil para lograr la libertad de una mentalidad consumista.

1. *Admita que es posible*

Mucha gente a lo largo de la historia adoptó un estilo de vida minimalista que rechazó y superó al consumismo. Encuentre la motivación en la forma en que estas cifras impresionantes lo hicieron. Esto le ayudará a darse cuenta de que usted también puede encontrar el mismo éxito. El viaje hacia la victoria comienza cuando admite que es posible.

2. *Adoptar la mentalidad de un viajero*

Al viajar, la gente sólo toma lo que necesita para ese viaje. Esto asegura que nos sintamos más libres, más ligeros y flexibles.

La adopción de la mentalidad de un viajero tiene los mismos beneficios para la vida que para los viajes. Se sentirás menos agobiado y, sin embargo, tendrá todo lo que necesita. La mentalidad de un viajero también le impedirá gastar dinero en cosas que no son necesarias.

3. *Acepte los beneficios de ser dueño de menos*

La gente no suele pensar en los beneficios de poseer menos, pero hay muchos. Cuando se articulan estos beneficios prácticos, se vuelve fácil de entender, reconocer y desear. Tan pronto como se haga el cambio de estilo de vida, usted puede esperar sentirse inundado con los beneficios del minimalismo, incluyendo un mayor sentido de ligereza y libertad.

4.   Esté atento a las tácticas consumistas

El mundo le hará creer que la mejor manera de contribuir a la sociedad es gastando su dinero. Todos los días nos invaden los anuncios que tratan de convencernos de que compremos cada vez más. Reconocer las tácticas consumistas en nuestro mundo no hará que desaparezcan, pero pueden ayudarle a entender cuando un deseo ha sido simplemente fabricado por un anuncio bien diseñado.

5.   Comparar hacia abajo en lugar de hacia arriba

Cuando empezamos a comparar nuestras vidas con las de las personas que nos rodean, perdemos la satisfacción, la alegría y la felicidad. Empezamos a centrar toda nuestra atención en eliminar esta diferencia. Eso es porque tendemos a comparar hacia arriba, sólo mirando a la gente que tiene más que nosotros. Debemos romper la trampa del consumismo prestando atención a aquellos que necesitan más. Esto nos ayudará a permanecer alegres y agradecidos por lo que tenemos actualmente.

6.   Considere el costo total de lo que compra

Cuando compramos artículos, tendemos a mirar solamente el precio de la etiqueta. Pero el número en la etiqueta no es el costo total. Lo que compramos siempre nos cuesta más energía, tiempo y concentración. Esto también incluye arreglar, mantener, organizar, limpiar, remover y reemplazar. Acostúmbrese a considerar estos gastos antes de hacer una compra. Usted se encontrará tomando decisiones más sabias y con más confianza cuando se trata de dinero.

7.   Apague el televisor

Las corporaciones gastan una gran cantidad de dinero en publicidad porque saben que pueden hacer que los consumidores compren sus productos o servicios de esta manera. La televisión es una industria construida sobre la base de la suposición de que se le puede persuadir para que gaste dinero en casi cualquier cosa. Nadie es inmune. Cuando usted reduce la cantidad de tiempo que pasa viendo la televisión, es menos probable que lo convenzan de comprar artículos que no necesita.

8. Haga de la gratitud una parte de su vida

La gratitud nos ayuda a responder positivamente a las circunstancias de nuestra vida y a cambiar nuestra actitud durante los momentos de estrés. Hágala parte de su vida durante las dificultades, así como en los períodos de abundancia. Empiece a concentrarse en las bendiciones y no sólo en los problemas.

9. Practique la generosidad

Dar nos ayuda a reconocer cuánto hemos sido bendecidos y qué más tenemos para ofrecer. Nos permite encontrar la realización y el propósito de ayudar a los demás. Cuando actuamos generosamente, asumimos una mentalidad de abundancia, y esto puede ayudarnos a abrazar el minimalismo.

Vale la pena señalar que la generosidad nos lleva a la satisfacción, y no al revés. No debemos esperar a estar contentos antes de actuar generosamente.

10. Renueve su compromiso diariamente

Dondequiera que vayamos, estamos inundados de publicidad. A veces, se puede sentir abrumador. Debemos seguir rechazando estas ideologías consumistas y mantenernos fuertes frente a los excesos destructivos. Para una libertad total, debemos cultivar la autoconciencia y volver a comprometernos con nuestros objetivos todos los días.

Acción de Inicio Rápido Pasos para liberarse del Gasto Compulsivo de una vez por todas

En un momento u otro, todos hemos estado atrapados en el gasto excesivo y su ciclo destructivo. A pesar de nuestras mejores intenciones, a veces puede ser difícil detener las compras por impulso. Y tan pronto como empezamos a gastar impulsivamente, puede ser difícil mantener nuestras finanzas en el buen camino.

Aunque no es reconocido formalmente por la investigación médica, el gasto compulsivo es un problema serio, y ha ido en aumento en los últimos años. Sus gastos se vuelven compulsivos cuando están fuera de control, son excesivos y resultan en problemas legales, sociales o financieros.

Algunas personas ven el gasto como un refuerzo de la confianza, ya que piensan que comprar cosas nuevas las hace parecer más glamorosas y prósperas de lo que son. Y por supuesto, el público está inundado de vallas publicitarias, anuncios impresos, comerciales y otros anuncios para atraer a cualquier persona con un hábito de gasto compulsivo.

Para evitar compras innecesarias, usted debe saber lo que está comprando y concentrarse exactamente en lo que se ha propuesto hacer. Esta es una forma segura de protegerse contra los gastos excesivos.

Si sus finanzas se le están yendo de las manos, usted puede recuperar algo de control con este plan paso a paso.

1. *Llegar a la raíz del problema*

Los gastadores compulsivos acumulan muchas cosas, pero esa no es la raíz del problema. Usted debe considerar lo que realmente está comprando. Sobre todo, el gasto compulsivo es una respuesta a un problema emocional.

Una persona puede estar lidiando con ansiedad, depresión, enojo o pena. Estas emociones pueden desencadenar el gasto, lo que puede resultar en vergüenza, miedo, culpa, sentimientos de insuficiencia, duda y muchos otros.

Usted debe identificar sus factores desencadenantes e intentar controlarlos. Se recomienda buscar terapia profesional o grupos de apoyo para ayudarle a manejar su problema de gastos.

También deberá considerar hablar con un amigo, a veces pueden ser buenos terapeutas.

2.   Pague en efectivo

Las personas tienden a gastar más cuando pagan con tarjetas de débito y de crédito. No es de extrañar por qué. Cargar facturas a un pedazo de plástico puede hacer que se sienta desconectado del dinero. Es más fácil ignorar lo que el costo significa para su situación financiera, y esto fácilmente puede resultar en gastos excesivos.

El gasto se siente real cuando se sacan billetes de la billetera. Empiece a reservar una parte de sus ingresos expresamente para facturas y retire el resto en efectivo.

Probablemente usted no tendrá un gasto excesivo compulsivo ya que puede entender que tiene una cantidad limitada de dinero.

3.   Califique sus compras

Añada a cada artículo que compre un puntaje basado en cuán necesario es para usted. Cuanto más necesario sea, mayor será la puntuación. Cuando mire hacia atrás en sus compras, verá cuánto puede ahorrar eliminando las compras innecesarias. Al eliminar los elementos de baja puntuación, se sorprenderá de cuánto puede ahorrar.

Sin puntuar los artículos que compra, puede ser difícil saber qué compras son las que más le importan. Tarde o temprano se le acabará el dinero, con un exceso de elementos de baja puntuación y posiblemente una falta de las cosas de alta puntuación que realmente necesita.

4.   *Espere por lo menos 20 minutos antes de comprar algo*

Cuando ve algo que quiere comprar, su cuerpo se apodera de su mente y puede ser difícil pensar racionalmente. Para evitar el impulso de gastar, trate de esperar por lo menos 20 minutos antes de hacer una compra. Después de ese tiempo, usted puede darse cuenta de que realmente no quiere el artículo y resistir el impulso de gastar.

5.   *Encontrar conexiones sociales*

Los gastadores compulsivos gastan su dinero en bienes materiales porque están tratando de llenar la necesidad de una conexión humana con las compras. La verdad es que nunca se tiene suficiente de las cosas que no se necesitan. Es por eso por lo que usted debe aprender a llenar su vida con actividades y conexiones sociales en su lugar. Estas actividades pueden incluir clubes, aprender una nueva habilidad, grupos de caridad o deportes.

Muchas personas ven las compras como el centro de su vida social, pero no tiene por qué ser así. Cuando usted llena su vida con experiencias nuevas y significativas, habrá cambios en la forma en que gasta y mejorará su satisfacción en general.

6.   *Preste atención a sus patrones de gasto*

Usted necesita saber a dónde va su dinero. Controle cómo gasta durante un mes y busque una tendencia. Usted podría sorprenderse por la cantidad de dinero que pierde en actividades insignificantes como almorzar fuera o tomar cafés con frecuencia.

Tome nota de sus gastos necesarios y enumérelos como sus prioridades. Estos incluyen

- Refugio y servicios públicos

- Comida
- Transporte
- Ropa básica

Dicho esto, sus necesidades no son razón para derrochar. No tiene que comprar ropa nueva cada semana o salir a cenar cada noche. Revise sus gastos mensuales para que pueda encontrar maneras de recortar los gastos. ¿Necesita esa lujosa antena satelital cuando puedes transmitir sus espectáculos preferidos en el Internet? ¿Qué hay de los $40 de la membresía del gimnasio que no ha usado en cinco meses? Preguntas como esta le ayudarán a mantenerse en el camino hacia un gasto saludable.

7. Gastar dinero con un propósito

Después de preparar un presupuesto mensual, elabore un plan de gastos que lo acompañe.

Si necesita entradas para conciertos o ropa nueva, asegúrese de añadirlas a sus categorías de presupuesto después de priorizar sus necesidades.

Sólo tiene que retirar el dinero que necesita y clasificarlo en sobres etiquetados. Por ejemplo, si usted elige asignar $200 cada mes para los comestibles, reserve $100 después de recibir el primer cheque de pago y téngalo en un sobre de comestibles. Agregue la cantidad restante cuando reciba el segundo cheque de pago.

Si su línea de trabajo tiene un flujo de caja impredecible, considere la posibilidad de crear un presupuesto para ingresos irregulares.

Puede utilizar una aplicación de presupuesto gratuita para crear su presupuesto al instante. Le ayudará a planear, monitorear su deuda, hacer un seguimiento de sus gastos y monitorear su proceso de ahorro.

8. Compre con un objetivo

Todos hemos comprado cosas que no planeamos. Vas al supermercado y todo lo que necesitas es pasta de dientes y champú, pero tan pronto como entras por la puerta, terminas llenando la canasta con cosas que probablemente sólo usará una vez. Un viaje corto a la tienda puede resultar costoso cuando usted es un gastador compulsivo.

Nadie planea desviarse cuando está de compras, pero si a menudo se encuentra gastando cantidades innecesarias de dinero, considere la posibilidad de planear su viaje de antemano. Siempre y cuando se atenga a su plan, no tendrá que preocuparse por los gastos excesivos.

9.   No gaste dinero en comer fuera de casa

Cambiar sus hábitos de gasto en alimentos es una manera eficiente de reducir los gastos. Muchos no se dan cuenta, pero cenar fuera puede resultar caro muy rápido. Si usted gasta $20 en almuerzo cuatro veces por semana, le costará $80 por semana y $320 por mes.

En lugar de salir a comer fuera todos los días, haga un plan de comidas para una semana y compre los comestibles necesarios en la tienda. Asegúrese de traer una lista para que sólo compre lo que piensa usar para sus comidas caseras.

La hora del almuerzo ofrece una oportunidad perfecta para reducir gastos. Considere llevar el almuerzo al trabajo todos los días. Hágalo simple. Prepare las comidas los domingos o tómese unos veinte minutos cada noche para preparar un sándwich.

Esto no significa que no deba darse el gusto, sólo significa que tiene que atenerse a su presupuesto. Después de todo, usted todavía puede hacer deliciosas y rentables comidas caseras.

10.   Resistirse a la venta

Todos amamos una buena oferta. Los minoristas lo entienden bien y saben que las ofertas llamativas son irresistibles para sus clientes.

Si alguna vez has comprado algo que no querías comprar sólo porque tiene un 30% de descuento, significa que pagaste un 70% más de lo que querías. Eso no es ahorrar dinero en absoluto; usted todavía está gastando. Usted tendrá que practicar la autodisciplina cuando vea una oferta en la tienda. Recuérdese que guardar todo su dinero es mucho mejor que ahorrar un 30%.

11. Desafíese a sí mismo para alcanzar nuevas metas

Fortalezca su fuerza de voluntad dándose nuevos desafíos. Por ejemplo, trate de comprar lo que necesita durante un mes. Le sorprenderá lo poco que necesita.

Esto también le dará la oportunidad de identificar lo que realmente no necesita. ¿Le gusta pagar su membresía mensual al gimnasio porque le ayuda a mantenerse activo? Entonces quédasela. ¿Le gusta ir a un quiropráctico porque le mantiene la espalda en buena forma? Sigue yendo. Si encaja en el presupuesto y es bueno para usted, entonces siga disfrutándolo.

Capítulo 2 - Comience a ahorrar dinero

¿Alguna vez se ha preguntado adónde va ese dinero? ¿Gana mucho dinero, pero sigue viviendo ajustado? ¿Mira a veces sus ahorros y siente que podría hacerlo mejor?

Si la respuesta a cualquiera de estas preguntas es "sí", entonces no estás solo. Usted se sorprendería por el número de personas de altos ingresos que no pueden ahorrar ni un centavo.

La mayoría de las personas que viven ajustados culpan de sus problemas financieros a las compras de estilo de vida, tales como el entretenimiento y la comida. La mayoría afirma que su falta de disciplina sigue impidiéndoles alcanzar sus objetivos. Su dinero se pierde en cosas que podrían evitarse con un poco de esfuerzo extra.

Si desea alcanzar sus metas financieras, debe aprender más sobre sus hábitos de gasto, crear planes infalibles para ahorrar dinero y cultivar la autodisciplina ante la tentación. ¿Cómo se consigue todo esto? Hablemos de ellos individualmente.

Averigüe dónde diablos va todo su dinero cada mes.

Es bueno tener un presupuesto, pero si no está haciendo un seguimiento de sus gastos, perderá el control de este presupuesto fácilmente, lo que anulará todo su propósito. Correrá el riesgo de fijarse metas poco realistas que nunca alcanzará.

Este es el ciclo en el que la mayoría de las personas caen. Si desea hacer un cambio, debe hacer un seguimiento de sus gastos. Así es como funciona:

Pasos para hacer un seguimiento de sus gastos

1. Crear un presupuesto

Necesita un presupuesto para hacer un seguimiento de sus gastos. Sin uno, sería imposible. Un presupuesto muestra sus ingresos esperados y todos los gastos por categoría.

Un presupuesto no lo controla, lo ajustas a su gusto. Sirve como guía para asegurar que su dinero haga lo que usted le dice que haga.

Hay tres pasos para crear un presupuesto:

- Escriba su ingreso mensual.

- Anote sus gastos mensuales.

a)   Comience con renta, comida, transporte y ropa.

b)   Cuando las necesidades estén cubiertas, enumere otros gastos como comer fuera, servicios de transmisión de televisión, ahorros, membresías en gimnasios, etc.

- Asegúrese de que sus ingresos menos los gastos sean cero.

2. Registre sus gastos

Lleve un registro de sus gastos todos los días. Si no consigue mantenerse al día con lo que gasta, se sentirá como si estuvieras en una tierra de fantasía donde el dinero nunca se agota. Esto sería genial - excepto que no es el mundo real. El dinero se agota, y cuando se agota, las consecuencias pueden ser muy graves.

3. Mire esos números

Asegúrese de que cuando anote sus gastos, haga un seguimiento de cuánto queda en la categoría. De esta manera usted tendrá una mejor idea de cuando el costo de algo es demasiado alto.

Si está casado, hable con su pareja y asegúrese de que ambos registren todos los gastos que se produzcan. Asegúrese de comunicarse entre sí antes de gastar. Esta práctica es excelente para encender una gran comunicación y responsabilidad.

Los presupuestos se pierden cuando no se hace un seguimiento y no se observa cómo se gasta.

4 maneras de hacer un seguimiento de sus gastos

1.   Papel y lápiz

Los métodos de la vieja escuela siguen siendo extremadamente útiles. Muchas personas prefieren llevar un registro de su presupuesto en papel. El beneficio de la escritura física es que requiere un cerebro activo. Un cerebro activo recordará más claramente lo que fue escrito, así que todos los números en el presupuesto siempre son cuidadosamente considerados.

La desventaja de este método es que la mayoría de nosotros ya no guardamos copias en papel. Cuando reciba un recibo, debe retenerlo hasta que se actualice el presupuesto.

Es probable que pierda los recibos. A veces simplemente se olvida de pedir uno. A veces ciertas compras no se anotan. Cualquiera de estos problemas puede llevar a un seguimiento problemático.

2.   El sistema de sobres

Este método implica el pago en efectivo en persona. Puede crear asignaciones especiales para utilidades, hipotecas y pensiones. Puede hacer un pago con tarjeta de débito en línea o enviar cheques por otros servicios públicos. Pero los gastos que pague en persona sólo deben ser en efectivo.

A principios de mes, coloque el dinero en efectivo en sobres etiquetados con las líneas presupuestarias. Comer fuera de casa, el entretenimiento y los comestibles son los tres ejemplos perfectos. Recuerde llevar el sobre de comestibles con usted cada vez que vaya a una tienda de comestibles. Cuando el sobre está vacío, es cuando dejas de gastar. Usando este método, su dinero se estará rastreando a sí mismo.

Bueno, la verdad es que pagar en efectivo a veces puede ser un inconveniente. ¿A quién le gusta estar al día con las monedas o contar los billetes? ¿Quién quiere entrar en una gasolinera para pagar por adelantado en la caja registradora? Además, con el reciente aumento del comercio electrónico, las opciones de pago en efectivo no siempre están disponibles. Sin embargo, esta es una buena manera de hacer un seguimiento de sus gastos. Eso es porque ver que el sobre se vacía inspirará un nuevo nivel de responsabilidad.

3.   Hojas de cálculo de ordenador

Mucha gente se ha vuelto digital y la mayoría de ellos son fanáticos de las hojas de cálculo. Les encanta hablar de los beneficios de las hojas de cálculo, y si no sabes de qué están hablando, es probable que no le importe en absoluto. La realidad es, sin embargo, que las hojas de cálculo ofrecen muchos beneficios. Esto incluye la capacidad de personalizar su presupuesto, utilizar una plétora de plantillas y, por último, pero no menos importante, toda la matemática se hace por usted.

Desafortunadamente, los entusiastas de las hojas de cálculo no siempre encuentran a otros entusiastas de las hojas de cálculo. Es probable que sólo un miembro de la pareja quiera usarlo. Las parejas deben comunicarse abiertamente sobre sus preferencias. No debería dejar que las hojas de cálculo se interpongan en un matrimonio feliz.

Otro problema con las hojas de cálculo es conseguir que el equipo se mantenga al día con los gastos. Si usted no registra estos gastos diariamente, su presupuesto no será un presupuesto en absoluto, sólo una hoja de cálculo con buenas pero vacías intenciones. Todos tenemos buenas intenciones al principio, pero estas no logran sus metas financieras por sí mismas.

Es probable que pase una cantidad decente de tiempo en el ordenador, así que quizás las hojas de cálculo funcionen para usted. ¿Pero sabes qué más estará siempre a su lado? Su teléfono. Esto nos lleva a la siguiente y mejor opción para rastrear los gastos.

4. Aplicaciones de presupuesto

Hay muchas aplicaciones de presupuesto gratuitas que crearán un presupuesto en sólo unos minutos. Puede iniciar sesión en su teléfono e ingresar sus gastos en el momento en que ocurran. No tendrá que pasar el día arriesgándose a olvidarse de sus actualizaciones de presupuesto.

Así de conveniente es una aplicación de presupuesto. Algunas de estas aplicaciones le permiten personalizar sus plantillas para alcanzar sus objetivos de ahorro y gasto. Lo mejor es que puede sincronizar su presupuesto con los dispositivos de su pareja y estar en constante comunicación comercial.

No importa el método que elija, haga del seguimiento de sus gastos un hábito si desea alcanzar sus metas financieras. Si no puede rastrear su dinero, siempre se preguntará adónde fue a parar. Pero con las herramientas correctas y la autodisciplina, usted puede lograr victorias financieras.

8 maneras sencillas de empezar a ahorrar dinero al instante

Usted trabaja duro para ganar su dinero, así que también debe trabajar duro para usted. La intencionalidad es la clave para hacer que su dinero vaya más allá. Ser intencional es la manera de empezar a ahorrar más y gastar menos cada mes.

Hay muchas maneras de ahorrar dinero. ¿Por dónde empieza? Empiece fácil. Empiece rápido. Empiece aquí. Estos son 8 consejos sencillos para ayudarle a ahorrar dinero todos los días, semanas, meses o años. Aquí están:

1. Obtenga alternativas más baratas

Si quiere ahorrar dinero, reduzca lo que gasta. Hay maneras de hacer esto para que usted todavía consiga lo que necesita, pero a un costo mucho menor. Por ejemplo, si le gusta ir de compras, considere la posibilidad de aprovechar los cupones. Usted puede ahorrar dinero usando devoluciones en efectivo o cupones de aplicaciones para ahorrar dinero. Muchos le informarán sobre los mejores precios disponibles en ciertos artículos. Puede descargar estas aplicaciones de sus tiendas favoritas y hay muchas maneras de ahorrar dinero con ellas. Puede consultar las ventas, obtener cupones y unirse a los programas de recompensas. Sólo asegúrese de resistir la tentación de comprar en línea.

También puede buscar otras alternativas consiguiendo artículos usados. En lugar de comprar un artículo nuevo, puede comprar algo usado, pero en buenas condiciones a un precio más bajo. Cuando se trata de comprar artículos usados, se requiere su discreción. Algunas cosas no se pueden comprar usadas como llantas y un cepillo de dientes. Pero si está buscando un coche, libros, videojuegos, herramientas o mascotas, entonces puede ahorrar mucho dinero comprando artículos usados con cuidado.

Si le gusta hacer ejercicio y actualmente paga por una membresía de gimnasio, considere otros medios como encontrar videos de entrenamiento en línea. Algunas personas necesitan la interacción humana que obtenemos en el gimnasio, mientras que otras prefieren perder peso sin una membresía, tarifas de clases especiales y un entrenador personal. Si desea quemar calorías sin incurrir en grandes gastos mensuales, considere los servicios de transmisión de ejercicios y los videos de YouTube. Muchos gurús del fitness se han dado cuenta de que necesitamos opciones que no sean DVD que podamos usar en casa, y están creando contenido de alta calidad que podemos disfrutar en cualquier momento desde la comodidad de nuestro hogar.

Aparte de estas opciones, también puede considerar preparar su propio café en lugar de comprarlo, y puede cocinar en casa en lugar de pagar las comidas en un restaurante. Si usted gasta alrededor de $5 por día en su mezcla de barista favorita, le costaría $35 por semana y alrededor de $150 por mes. En lugar de esto, usted puede gastar sólo $20 al mes preparando su propia cerveza y ahorrará $130. Usted puede destinar estos ahorros a cosas más importantes como las vacaciones de sus sueños, la jubilación, un fondo de amortización, o cuales sean sus metas financieras.

En lugar de pagar por una forma costosa de entretenimiento, considere opciones gratuitas. ¿Qué tal libros electrónicos, audiolibros, libros físicos, películas, actuaciones o presentaciones? ¿De dónde saca todo esto? En una biblioteca local, por supuesto. ¡Obtenga una tarjeta de la biblioteca ahora!

Ahorre dinero y diviértase.

2. Elimine las cosas que no necesita

Usted puede ahorrar una cantidad significativa de dinero eliminando bienes, suscripciones y otros servicios que realmente no necesita. ¿Realmente necesita diferentes servicios de música y transmisión de TV? ¿Cuántas revistas o cajas de suscripción aparecen en su correo cada mes? No estoy diciendo que debas evitar estos servicios, pero si no ha pensado en ellos en mucho tiempo, lo más probable es que esté suscrito a servicios que ya no usa, lee o ve. Si desea ahorrar dinero, elimine las suscripciones mensuales para las que ya no tiene uso.

También puede hacer otras eliminaciones evaluando sus opciones de TV. Si usted paga altos precios por los paquetes de cable y sólo termina viendo unos pocos canales, entonces no está solo. Mucha gente se está dando cuenta de que pueden ahorrar una gran cantidad de dinero y aun así ver los programas que quieren eligiendo otras opciones.

Considere Vimeo, YouTube, Amazon Prime Video, Netflix o Hulu. Considere la posibilidad de ver episodios recientemente emitidos en línea. O intenta usar la tarjeta de la biblioteca.

No hay que volver a la época medieval, donde el único entretenimiento era ver una justa. Sólo tiene que cambiar esa factura de cable por una opción más barata pero igual de impresionante.

3. Elimine las prácticas que aumentan los gastos

No espere a que se acumulen los gastos antes de hacer un cambio. Para empezar, considere la posibilidad de hacer elecciones de vida más eficientes desde el punto de vista energético. Algunos de ellos pueden requerir grandes inversiones iniciales, pero al final valen la pena. Para ahorrar en los gastos de la casa, apague las luces cuando salga de casa, compre bombillas de bajo consumo, tome duchas rápidas y compre un termostato programable.

Para ahorrar en los costos de transporte, utilice el transporte público, comparta el auto o considere la posibilidad de ir en bicicleta. Estas opciones ecológicas harán maravillas para sus ahorros, así como para el planeta.

También debe evitar las tarjetas de crédito para no tener deudas. Un gran primer paso para avanzar es dejar de atrasarse. Eso suena lógico, ¿no? Las tarjetas de crédito son formas fáciles de atrasarse. Después de todo, así es como se acumula la deuda en primer lugar. La deuda nos da la ilusión de la propiedad. Sin embargo, mantiene oculta la verdadera propiedad, ya que es como una nube gris y flotante de obligación.

Deje de usar tarjetas de crédito, y empezará a ser dueño de verdad. En lugar de hacer pagos de deudas, ¿qué tal hacer ahorros? No sólo es un cambio de vida que le da poder, sino que se lo agradecerás a si mismo más adelante.

Una vez que se haya deshecho de las tarjetas de crédito, considere eliminar la información de su tarjeta de débito de las tiendas en línea. La forma más rápida de gastar dinero en estos días es a través de la función "one-click". Esto es cuando los sitios web almacenan su información de pago y hacen las compras demasiado fáciles con tan solo un clic. Cuando comprar es tan fácil, es muy probable que se gaste demasiado. Tómese su tiempo para recuperar su billetera, saque su tarjeta de débito y haga el tedioso trabajo de ingresar todos los números. Al realizar este arduo proceso, considere si esta compra vale la pena. Imagínese haciendo esa transacción y cómo afectará su presupuesto. Si usted todavía piensa que es una buena idea después de pensarlo bien, entonces siga adelante como lo planeó.

También puede reducir sus gastos futuros realizando una comprobación de mantenimiento de los objetos domésticos, como electrodomésticos y automóviles. La mayoría de estas cosas pueden ser muy costosas al reemplazarlas o repararlas, y una revisión mensual de rutina puede ahorrarle dolores de cabeza financieros en el futuro. Haga que limpien, revisen y llenen de aire las llantas cuando sea necesario. Limpie las rejillas de ventilación de la casa y recuerde revisar el desgaste de los electrodomésticos.

Algunas veces un simple tornillo, arandela, reemplazo de tornillo o limpieza puede mantenerlo funcionando eficientemente.

Antes de comprar, siempre debe pensar en ello. Usted no quiere incurrir en gastos enormes por algo que no va a usar. Siempre duerma pensando en una gran decisión antes de dar el paso. Tal vez incluso, tome unos días. Tómese el tiempo para comprobar los precios, comparar sus ventajas y desventajas, y realizar la medición del deseo.

¿Qué es la medición del deseo, se preguntarás? Cree que quiere ese moderno maletín para laptop a prueba de intemperie en el momento en que lo ve. ¿Pero el deseo se reduce con el tiempo? La compra por impulso puede ser costosa. Practique la paciencia para evitar que su billetera se vacíe.

4.   *Gastar creativamente*

Si desea ahorrar dinero y aun así obtener lo que desea, considere formas creativas de encontrar un equilibrio. Por ejemplo, una cita no tiene que ser cara para ser emocionante. Existe este mito generalizado de que gastar mucho dinero en una cita le garantiza el amor de su vida. La verdad es que el dinero no tiene nada que ver. Puede enamorarse y divertirse mientras sigue siendo ahorrativo.

Considere llenar una canasta de picnic con manzanas, palomitas de maíz, chocolate y un surtido de quesos. También puede llevar a casa comida china para llevar y comer mientras ven su programa favorito. ¿O qué tal si pasan el rato en el parque? Hay muchas maneras de disfrutar de una cita sin hacer sufrir a su cuenta bancaria.

Considere la posibilidad de realizar más actividades al aire libre para divertirse. Estas actividades pueden ofrecer un gran entretenimiento y la mayoría no requieren mucho dinero. Hay muchas cosas sobre la naturaleza que pueden resultar fascinantes. Considere la posibilidad de montar en bicicleta, hacer senderismo, tirarse unos clavados, un viaje de mochileros, kayak, observar las estrellas, paseos por el maíz o levantar las cortinas. Salga, diviértase y ahorre.

5.   *Venda lo que no necesita*

El desorden puede darnos la ilusión de terminación, pero es todo menos eso. El desorden está hecho de cosas que nadie necesita realmente. Puede ser un drenaje de energía, esquinas, armarios y cajones abrumadores por toda la casa.

Usted puede cobrar vendiendo los artículos que no necesita. Publica sobre ellos en línea, llévalos a una tienda de consignación o haz una clásica venta de garaje.

Reduzca el número de posesiones que no necesita, cree un ambiente más tranquilo en su hogar y gane dinero mientras lo hace.

6. Aproveche las ofertas y promociones

Las empresas ofrecen todo tipo de ofertas a sus clientes. Trate de aprovechar estas ofertas y ahorre dinero de esta manera. Por ejemplo, cuando estés en un restaurante, aprovecha los especiales por happy hour. Hoy en día se extiende a las comidas y no sólo a las bebidas.

También deberías considerar aplicaciones de comida. Suscríbase a los boletines de sus restaurantes favoritos y le enviarán promociones y cupones. Al comer a un costo más bajo, usted ahorrará dinero. Y considere la posibilidad de darse de baja de las tiendas o restaurantes que tienden a hacer que gaste más de la cuenta. Esto requiere un cierto conocimiento de sus patrones de gasto.

Revise la parte inferior de sus recibos, ya que algunos restaurantes pueden ofrecer descuentos si realiza una encuesta. Usted puede hacer grandes ahorros a cambio de algo de su tiempo.

También puedes ver anuncios semanales y ofertas "BOGO" (Compre uno y llévese otro gratis). Las tiendas con ofertas "BOGO" están prácticamente rogando que ahorres algo de dinero. Siga este movimiento para ahorrar dinero: cree un plan de comidas basado en las ventas de su tienda. Considere almacenar el congelador y la despensa para el futuro. Tenga en cuenta lo que compró cuando haga planes de comidas para el futuro.

7. Haga una lista de compras y manténgase en su presupuesto

Comience por planear sus comidas - decida lo que va a comer en la cena, el almuerzo y el desayuno durante una semana entera. Luego haga una lista de los alimentos individuales que necesitará para hacer que esas comidas sucedan, teniendo en cuenta su presupuesto. Siempre apéguese a la lista que hace. Esto evitará que gaste más de la cuenta y que se olvide de los artículos de su presupuesto de comestibles.

8. Siempre solicite que se le exima del pago de cuotas

Cuando se inscribe para algo, puede haber algunos cargos que están involucrados, y siempre terminamos pagándolo. Se sorprendería de lo complacientes que pueden ser ciertas compañías cuando solicita una exención de tarifas.

Hacer eso no lo hará rico, pero algo de dinero extra de las tarifas exentas puede ser útil. No todas las empresas están de acuerdo con esto, pero nunca está de más preguntar.

Cómo desarrollar autodisciplina para evitar gastar más de la cuenta

Comenzamos cada mes con la intención de ahorrar dinero, comprando sólo las cosas que necesitamos, alejándonos de los expositores de ventas y observando de cerca nuestros gastos. A pesar de nuestros mejores esfuerzos, es posible que todavía nos encontremos gastando más de lo que queríamos.

No te castigues, esto nos pasa a la mayoría de nosotros. Hay muchas razones por las que podríamos gastar más de la cuenta. A veces es porque no somos conscientes de nuestros hábitos de gasto. O porque hemos calculado nuestros ingresos, pagos de deudas y gastos incorrectamente. Esto lleva a que los números de nuestra cuenta bancaria bajen más de lo que deberían. Cualquiera que sea la razón, si usted está listo para tomar el control de su dinero, aquí hay algunos consejos útiles que puede aplicar para desarrollar la disciplina personal para dejar de gastar más de la cuenta.

1. Conozca los factores desencadenantes de sus gastos

Para desarrollar la autodisciplina en torno al gasto, debe identificar los desencadenantes físicos y emocionales que lo hacen gastar. Una vez que esté al tanto de estos factores desencadenantes, puede comenzar a eliminar la oportunidad y la tentación de gastar más de la cuenta. Téngalo en cuenta:

Hora del día - ¿Tiene más energía durante ciertos períodos del día? Si ese es el caso, compre sólo cuando tenga más energía. De esta manera, usted tomará decisiones sabias en cuanto a los gastos. Después de todo, podemos pensar claramente cuando estamos menos presionados y más relajados.

Medio ambiente - ¿Existen ciertos entornos que le dan ganas de gastar? Los centros comerciales, las ferias de artesanías, los espectáculos caseros y las vacaciones son algunos ejemplos de ocasiones en las que es probable que usted gaste impulsivamente.

Usted puede luchar contra la tentación de llevar menos dinero con usted o evitar tales ambientes.

Además, si tiene una tienda favorita y a veces se encuentras deambulando por los pasillos en busca de ofertas increíbles, trate de limitar el número de veces que va allí. Si simplemente no puede limitar sus visitas, mantenga su tarjeta de crédito y dinero a salvo de usted mismo, o pídale a alguien en quien confíe que lo haga por usted.

Estado de ánimo - Diferentes estados emocionales y estados de ánimo pueden cambiar nuestros recursos energéticos, haciendo que gastemos más de la cuenta. Por ejemplo, si estamos ansiosos, estresados o molestos, podemos llevar la terapia de venta al por menor un poco demasiado lejos. En lugar de ir al centro comercial, trate de ir al parque o al gimnasio. El ejercicio y el aire fresco harán maravillas para mejorar su estado de ánimo.

Es importante identificar los estados de ánimo que resultan en sus malos hábitos de compra. Una vez que estos estados de ánimo golpeen, vaya a algún lugar donde su billetera no necesite estar involucrada.

Presión de grupo - ¿Gasta más dinero del que debería cuando sales con sus amigos? Incluso nuestros mejores amigos con las mejores intenciones pueden ser una mala influencia, especialmente si también tienen malos hábitos de gasto. Cuando no puede permitirse salir a comer fuera, ir de compras o de vacaciones, está bien rechazar sus invitaciones. Siéntase libre de ser honesto ya que es probable que entiendan.

O en todo caso, sugiera planes que no le hagan gastar más dinero. Puede reunirse para tomar un café en lugar de un brunch, explorar nuevos senderos para caminar en lugar de ir a un concierto o cenar en casa en lugar de comer en un restaurante.

Puede que no estés teniendo cenas elegantes o vacaciones costosas, pero aun así puedes disfrutar de una gran vida social. Con un presupuesto minimalista, sus conexiones sociales no serán sacrificadas.

Si le dice a sus amigos que está tratando de gastar menos, ellos pueden ayudarle en su viaje, y algunos de ellos pueden querer seguir sus pasos. Lo más importante es encontrar amigos que lo apoyen en el logro de sus metas financieras.

Estilo de vida - Si usted está acostumbrado a un estilo de vida determinado, puede ser difícil renunciar a él cuando se enfrenta a dificultades financieras. Pero si el gasto excesivo continúa, usted sólo terminará en peor forma.

Su educación puede haber influido en sus elecciones de estilo de vida. Si fue criado en un hogar donde el dinero era escaso, es posible que sienta la necesidad de gastar más para compensar las cosas que no recibió. Por el contrario, si usted creció en una familia donde el dinero no era un problema, querrá mantener el estilo de vida con el que creció. Esto puede ser financieramente perjudicial si su fuente de dinero no es la misma que solía ser.

La manera más fácil de vivir dentro de sus posibilidades es encontrar alternativas más baratas. Puede que tenga que sacrificar un poco de comodidad, pero es mejor que perder mucha comodidad cuando su cuenta bancaria se pone en números rojos.

2.   Enumere sus prioridades

Necesita clasificar sus gastos mensuales en tres categorías principales: deseos, necesidades y ganas de tener. Incluya gastos como pagos de automóvil, renta, comestibles y servicios públicos en la categoría de necesidades. Los artículos como la ropa nueva deben ir bajo la categoría de deseos. Los canales de televisión por cable de primera calidad y el entretenimiento deben figurar en la categoría de "ganas para tener".

Usted debe establecer sus metas en base a estas listas. Considere la posibilidad de fijar las metas en términos positivos, y no como cosas sin las que tiene que vivir. Si siempre gasta $5 cada día en almuerzos de comida rápida, trate de reducir a dos almuerzos de comida rápida por semana. Considere traer el almuerzo de casa para los otros tres días. Los $15 adicionales se pueden destinar a uno de sus otros objetivos. Esto ayudará en la reducción de la deuda y aun así satisfacer sus antojos de comida rápida. Esta autodisciplina puede convertirse fácilmente en un hábito positivo y duradero.

3.   Aprenda a presupuestar dinero

Sin un plan, no podrá detener el gasto errático. Si no aprendemos cuánto llevamos a casa y cuánto gastamos, seguiremos comprando lo que creemos que podemos pagar. Sólo se dará cuenta después de un mes que ha malgastado dinero cuando su cuenta bancaria esté vacía y no puedas retroceder las decisiones equivocadas. Para evitar esto, aprenda a presupuestar su dinero.

Comience sumando todas sus fuentes de ingresos y luego todos sus gastos fijos como el pago de la deuda, el alquiler, el pago del coche, etc. Los gastos fijos son más fáciles de presupuestar.

Cuando esto se haga, haga una lista de sus gastos variables como gasolina, comestibles y entretenimiento y asigne fondos a cada categoría en base a cuánto ha gastado en el pasado.

Ver cuánto gasta en ropa, entretenimiento y otras necesidades puede ayudarle a ahorrar de lo que no necesita.

Intente probar su presupuesto. Lleve un registro de sus gastos durante un mes y compárelo con lo que ha asignado en su presupuesto. Haga todos los cambios necesarios en su presupuesto en el próximo mes.

4.   Controle sus gastos

Las pequeñas compras que hacemos pueden sumar una gran cantidad. Si no los rastrea, sus arrepentimientos también aumentarán. El seguimiento de los gastos es la clave para un presupuesto exitoso. Le hará responsable de cada dólar que gaste. Cuando usted sabe adónde va su dinero, le ayuda a tomar mejores decisiones en el futuro.

Mucha gente comienza a hacer un seguimiento de los gastos más grandes, pero es crucial prestar atención a las compras más pequeñas también. Esos almuerzos fuera de casa, los cafés con leche de la mañana, los billetes de lotería o las compras de revistas pueden sumar más de lo que usted espera. Esto puede afectar su presupuesto de manera significativa.

5.   Evalúese a sí mismo honestamente

Cada mes, compare sus gastos con lo que pensaba gastar. Es un buen momento para hacerse responsable. Si usted tiende a gastar más de la cuenta en ciertas áreas, esto significa que necesita reducir el gasto en esas áreas.

Tienes que ser honesto contigo mismo ya que la única persona que sufre de esta falta de disciplina es usted. Sosténgase a estándares más altos y sepa cuándo es el momento de ponerse serio con usted mismo.

6.   Gastar sabiamente

Separe dinero cada mes para cubrir todas sus facturas y gastos. Ya sea que usted ahorre dinero en su computadora o físicamente, asegúrese de que este sea un hábito al que se acostumbra. Resista toda tentación de gastar dinero en otras cosas que no sean los gastos.

Pague tantas cuentas como pueda. Por ejemplo, pagar más por la factura de su tarjeta de crédito reducirá su saldo adeudado rápidamente y ahorrará dinero en intereses.

Puede comprar un "deseo" cada dos meses para no sentirte privado.

Resista la tentación de conseguir un bolso nuevo o un aparato de última tecnología que esté de moda. En su lugar, ponga estos artículos en su lista de deseos de cumpleaños o para cualquier otro día festivo que usted celebre. También puede juntar dinero en un frasco para ese artículo, y poner el cambio de su bolso o bolsillo en él todas las noches. Si usó un cupón en una tienda, ponga la cantidad que ahorró en el frasco. Trate de vender los artículos no utilizados en línea o en una venta de garaje, y ponga el dinero que ganó en el frasco de ahorros.

Se sorprenderá de lo fácil que es acumular dinero sin quitarle nada a sus cuentas mensuales.

7.   Pagar los gastos

Haga que sea fácil resistirse a las compras impulsivas. Considere llevar sólo el dinero en efectivo que ha presupuestado. Y tal vez, permítase una tarjeta de crédito de bajo interés sólo para cuando realmente la necesite.

Utilice ingresos inesperados -reembolsos de impuestos, regalos de cumpleaños, bonos anuales- para pagar una tarjeta de crédito o un préstamo con altos intereses. Recuerde que invertir dinero extra en sus necesidades le permite incursionar en los gastos principales y pagarlos antes.

8. Recompénsese a sí mismo

Recompénsese cuando haya alcanzado metas significativas. Por ejemplo, después de haber pagado una cuenta enorme o haber mantenido con éxito la autodisciplina durante un largo período de tiempo.

Después de alquilar películas por un mes entero, recompénsese con un espectáculo en su teatro local. Si se ha abstenido de salir a comer fuera los fines de semana, recompénsese con una cena cada mes. Usted ha ahorrado dinero y ha progresado hacia hábitos de gastos más disciplinados. Esto es algo que vale la pena celebrar - ¡sólo asegúrese de que la celebración esté dentro del presupuesto!

9. Defina sus motivaciones

Es crucial entender lo que significa para usted lograr la seguridad financiera. Podría significar tener la libertad de hacer lo que quiera. O quizás es viajar, pasar más tiempo con la familia, o más tiempo para escribir una novela.

Aquí hay otros ejemplos a considerar:

- Retirarse anticipadamente

- Tener más dinero para los pasatiempos

- Crear una ONG.

- Renunciar a su trabajo por realizar una pasión que le ofrezca un salario más bajo o menos estabilidad.

Cualquiera que sea su verdadera motivación, es crucial que la identifique y la tenga en cuenta cuando sienta el impulso de gastar. Trate de averiguar de qué otra manera la autodisciplina financiera puede ayudarle a lograrlo. Sus motivaciones también pueden cambiar con el tiempo. Asegúrese de que puede adaptarse a estos cambios.

10. Deshágase de las tarjetas de crédito

Cuando vaya al supermercado o al centro comercial, tome la cantidad que crea que será suficiente y deje la tarjeta de crédito en casa. A menos que esté seguro de que podrá pagarla pronto, no debe llevar tarjetas de crédito consigo.

De esta manera evitará el gasto impulsivo y el riesgo de endeudarse.

Tener la información de la tarjeta de crédito guardada en su perfil de compras en línea puede hacer que sea fácil gastar impulsivamente. Todo lo que se necesita es un clic, y usted será sólo unos pocos zapatos más ricos y un montón de dólares más pobres.

Cuando borra estos números de tarjeta de crédito, hace que sea un poco menos conveniente comprar artículos innecesarios.

11. Establezca metas financieras a corto plazo

Establecer metas de dinero alcanzables y a corto plazo es una manera perfecta de mantenerse motivado a medida que cambia sus hábitos de gasto. Estos objetivos le recordarán constantemente las razones por las que está reduciendo los gastos.

Y es crucial establecer metas específicas. Un objetivo como 'reducir el gasto en comida fuera de casa' no va a funcionar bien porque no es específico. Necesita objetivos cuantificables como: "Reduciré de 150 a 75 dólares al mes lo que gasto en comida fuera de casa". Estos objetivos le darán un objetivo al que apuntar.

Algunas otras metas a corto plazo incluyen:

- Ahorrar el 10% de todos sus ingresos en una cuenta diferente

- Ceñirse a un presupuesto en efectivo

- Llevar el almuerzo al trabajo durante todo un mes

Independientemente de sus metas, es importante que las mantenga simples, alcanzables y al aire libre para recordárselas diariamente.

Capítulo 3 - Estrategias presupuestarias y planes financieros

Presupuestar y ahorrar no funciona para mucha gente y por razones obvias. Incluso cuando usted tiene un plan bien elaborado, gastar en lo que no es esencial es fácil.

El concepto básico detrás del presupuesto es simple, pero es en la ejecución donde la gente falla. Para ahorrar dinero, todo lo que necesita hacer es no gastarlo. Quiero decir, ¿qué tan difícil puede ser eso? Esto es lo que la mayoría de nosotros nos decimos a nosotros mismos cuando tratamos de establecer hábitos de dinero, pero algo siempre nos hace perder el enfoque.

Hay muchas estrategias para generar un presupuesto. Diferentes estrategias funcionan para diferentes personas. No encontrará una sola estrategia de presupuesto que funcione para todos. Con la planificación, la diligencia y la perseverancia adecuada, es posible crear y mantener un presupuesto eficaz.

Antes de implementar un presupuesto o plan financiero, usted necesita saber la razón para hacerlo. Si no lo hace, lo más probable es que no quiera crear un presupuesto. E incluso si usted crea un presupuesto, no es probable que se aferre a él si no sabe por qué existe en primer lugar. Tal vez usted ha sido imprudente con sus gastos y quiere dejar de comprar por impulso inmediatamente. O tal vez usted está en un plan de pago de deudas. O quizás usted es bueno con su dinero, pero no está haciendo grandes progresos en sus metas a largo plazo. Cualquiera que sea la razón, comience a definir por qué desea crear un presupuesto. Esto te mantendrá concentrado.

También tendrá que determinar sus prioridades. El presupuesto no se trata sólo de matemáticas y números. Se trata de vivir de la mejor manera posible mejorando su relación con el dinero. Se trata de averiguar lo que es importante para usted y luego cambiar sus hábitos de gasto para alcanzar sus metas y valores.

Si tiene metas de dinero, escríbalas. Concéntrese en las principales prioridades. Lo más importante a la hora de concentrarse en las prioridades es la honestidad. Si sus prioridades son deshonestas y no reflejan sus valores personales, se encontrará en conflicto al tomar decisiones cruciales. L   e resultará difícil mantenerse motivado y en la tarea. Sea usted mismo cuando se trata de presupuestar.

Usted también tiene que monitorear su flujo saliente. Es importante hacer esto antes y después de crear un presupuesto. Esto se debe a que puede ser imposible saber cuánto asignar a ciertos artículos sin saber cuánto gasta en un mes. Hay muchas aplicaciones y servicios que le permiten separar el gasto en categorías.

Podría descubrir algo que le sorprenderá. Podría darse cuenta de que, si bien siente que no gana lo suficiente, gana más que lo suficiente para cubrir todos sus gastos y aun así ahorrar para una emergencia. Saber dónde está parado le ayudará a averiguar dónde quiere estar. Si se entera de que gana lo suficiente para ahorrar todos los meses, es posible que desee ver dónde puede recortar para comenzar a ahorrar en fondos de emergencia.

Ahora que usted sabe lo que se necesita para implementar una estrategia de presupuesto, podemos echar un vistazo más profundo.

4 poderosas estrategias de presupuesto para alinear sus gastos con sus metas de ahorro de dinero

Hay muchas maneras de abordar su presupuesto. Algunos son muy simples, mientras que otros son más complejos y detallados. Ningún método es mejor que el otro. Sólo tiene que encontrar un método que se ajuste a sus objetivos y personalidad. Los más comunes son:

1. *Regla de presupuesto 50/30/20*

Con esta regla, usted gasta el 50% de su sueldo en necesidades como deudas, seguros, comestibles, servicios públicos y vivienda. El 30% se destinará a lo que quieras. Estas son las cosas de las que puedes prescindir, pero que sin embargo te hacen feliz. El 20% restante de sus ingresos se destina al ahorro. Esto podría ahorrarse para la jubilación, para trabajar en pros de metas o para poner su dinero en una inversión. Utilícelos para ahorrar para un automóvil, unas vacaciones de ensueño, el fondo para la universidad de sus hijos o una casa.

Por lo tanto, si usted gana $5,000 cada mes, $2,500 deben ir hacia sus necesidades. Se pueden gastar $1,500 en sus deseos, y el resto debe ser ahorrado.

Algunas necesidades son obvias, pero averiguar si algo es un deseo o una necesidad puede ser un desafío. Por ejemplo, la ropa de trabajo sería una necesidad, mientras que la ropa de moda para salir se clasificaría como deseos. Es posible que necesite un servicio de suscripción mensual para realizar copias de seguridad de sus archivos digitales en la nube, pero un servicio de transmisión de música sería un deseo.

Es vital categorizar sus necesidades y deseos si quiere mantenerse en el camino correcto.

2. *Presupuesto de suma cero*

En esta estrategia de presupuesto, cada dólar que usted gana se le asigna un trabajo. La cantidad de dinero que usted gana menos sus gastos debe ser cero.

Por lo tanto, si su ingreso total es de $5,000 por mes, busque un lugar a donde vaya a ir ese dinero. Usted debe dividir su presupuesto en diferentes categorías. Considere los gastos relacionados con el automóvil, comer fuera de casa, alquiler y servicios públicos, artículos personales, comestibles, deudas y seguros. Si usted ha cubierto todos sus gastos y todavía le quedan $500, necesita asignar una tarea a los dólares restantes.

El valor de esta estrategia de presupuesto es que no deja nada sin algo para hacer. Cada dólar se contabiliza y se utiliza de la forma que usted desee.

La mejor manera de abordar un presupuesto de suma cero es anotarlo todo. Averigüe su ingreso anticipado antes de que comience el mes, luego cree un presupuesto en el cual esos dólares irán y haga los ajustes requeridos a medida que avance.

3. Anti-presupuesto

Contrariamente a lo que sugiere el nombre de esta estrategia presupuestaria, sigue siendo una especie de plan de gastos. En esta estrategia, no tendrá que preocuparse por categorías específicas. Pagas sobre la marcha. La cuestión es que primero debe pagar por sus prioridades.

Esta estrategia de presupuesto es perfecta para aquellos que quieren presupuestar, pero tienen problemas para empezar. Esto requiere coherencia y comprensión de sus prioridades.

Defina sus prioridades y haga de las necesidades una prioridad antes de considerar los deseos. Gasta lo que tengas en las necesidades, y cuando todo esté pagado, puedes gastar el resto en lo que quieras.

4. Presupuesto de flujo de dinero

Con esta estrategia de presupuesto, se requiere un poco de ensayo y error.

Cuando haya calculado cuánto necesita cada mes para pagar todos los gastos, puede crear un flujo de dinero. ¿Cómo funciona eso? La mejor manera es averiguar cuáles son todos sus gastos recurrentes y establecer un pago automático para cada uno de ellos. Esto incluye necesidades fijas como servicios públicos y alquiler. Usted pagará estos gastos directamente de su cuenta corriente. Después de que el dinero fluye el día de pago, sus cuentas se pagan tan pronto como se vencen. No tendrás que tocar nada.

Esta estrategia de presupuesto es la mejor para aquellos que quieren olvidarse de cuando se vencen las facturas. Usted debe sentirse cómodo con la automatización del pago de facturas y, por supuesto, debe hacer el esfuerzo de organizarlo desde el principio.

Cuando todos los gastos fijos hayan sido pagados, tome el resto de sus ingresos y haga un presupuesto. Esto significa que usted sólo monitoreará el gasto discrecional y variable. Esto incluye gasolina para el auto, entretenimiento, comestibles, etc. Si le apetece, también puede transferir este dinero a una tarjeta de débito o a una cuenta bancaria separada.

Mejor aún, si el auto monitoreo funciona bien para usted, puede usar una tarjeta de crédito para administrar los gastos variables. Sólo asegúrese de pagar el saldo en su totalidad cuando termine el mes.

Usted todavía tendrá que revisar sus gastos regularmente y hacer cambios si siente que no está progresando. El resultado ideal de esta estrategia es que usted hará menos trabajo mensual y estará al tanto de todo lo que sucede con su dinero. Incluso si la mayor parte del trabajo es automatizado, esto no significa que usted tiene que dejar de prestar atención.

Una de estas estrategias será adecuada para usted; sólo tiene que descubrir cuál es. El enfoque que elija depende de cómo trabaja mejor, cuánto trabajo puede realizar y los detalles que desea insertar en su presupuesto. Lo más importante es que usted priorice la elaboración de un presupuesto.

Asegurarse de que la ejecución de la estrategia presupuestaria sea satisfactoria

1. Utilice su presupuesto

Un presupuesto es inútil si no se usa. Cuando haya identificado una estrategia presupuestaria que le parezca adecuada, considere la posibilidad de probarla. Las finanzas personales implican mucho ensayo y error. No se preocupe si prueba una estrategia y no funciona. Intente con otro en su lugar.

2. Actualice su presupuesto regularmente

Siempre encontrará espacio para mejorar. Acostúmbrese a revisar y cambiar su presupuesto a intervalos regulares para obtener los máximos beneficios de su dinero. Presupuestar lleva tiempo. Haga un presupuesto, viva con él, y con el tiempo notará lo que no funciona, y podrá ajustar en consecuencia.

No hay reglas que pueda aplicar para mejorar su presupuesto. La satisfacción personal debe ser su guía. ¿Está satisfecho con la administración mensual de su dinero? Si no lo está, considera por qué.

3. Usar los hábitos existentes para crear otros nuevos

Considere un hábito establecido y utilícelo para implementar uno nuevo. Por ejemplo, digamos que siempre toma café todas las mañanas antes de ir a trabajar. Si usted quiere ser mejor en la comprobación de cuánto dinero queda en su presupuesto, conecte estos dos hábitos. Después de tomar una taza de café, considere usar una aplicación de dinero o ingresar a su cuenta bancaria para verificar el saldo. Revisar su saldo cada vez que toma una taza de café hace que sea fácil de recordar. El nuevo hábito de controlar su presupuesto es fácil de implementar cuando lo vincula a un hábito al que está acostumbrado.

15 pasos sencillos para crear un plan financiero que le permita ahorrar más y ganar más dinero

Un plan financiero es una hoja de ruta para guiarlo hacia un futuro mejor. Se extiende más allá de sólo invertir y presupuestar. Un buen plan financiero le ayudará a navegar por los principales hitos financieros.

Un plan financiero actúa como un conjunto de principios o reglas por los cuales usted vive. Las reglas de su plan financiero deben ayudarle en el gran esquema de su vida. Usted necesita tener un plan financiero flexible que le permita ajustar el curso cuando la vida se torna difícil. Los principios básicos pueden seguir siendo los mismos, pero las finanzas pueden cambiar rápidamente cuando se casa, compra una casa, tiene hijos, sufre de una discapacidad o enfermedad, se divorcia, se prepara para la jubilación o viajas por todo el país. Un plan financiero debe actuar como una brújula para volver a encaminarse.

Su asesor financiero puede ayudarle a establecer un plan, pero la mayoría de los asesores se centran en la venta de productos como seguros, inversiones e hipotecas. Lo más probable es que no le pregunten dónde quieres estar en los próximos cinco años. Además, es posible que no entiendan realmente sus necesidades de dinero a corto y largo plazo.

Una mejor opción es trabajar con un asesor monetario de pago. Ellos analizarán su salud financiera y elaborarán un plan para ayudarle a alcanzar sus metas. El único problema es que hay pocos asesores que sólo cobren honorarios y un plan integral puede costarle miles de dólares.

Otra buena idea es crear un plan financiero básico. Este proceso le hará pensar en el dinero de maneras que nunca había considerado.

Aquí están los pasos más sencillos para ayudarle a crear su plan financiero:

1.   *Identifique sus objetivos*

Usted debe decidir con precisión lo que quiere de sus finanzas y qué estrategias le ayudarán a lograrlo.

¿Tiene hijos que se espera que asistan a la universidad algún día? Si es así, usted necesita ahorrar dinero para que eso suceda.

¿A qué edad piensa jubilarse? Saber esto le ayudará a calcular su meta y cuánto tiempo tiene para alcanzarla.

¿Quiere salir de la deuda completamente? Si es así, sume todas sus deudas y determine cuánto tiene que pagar cada mes para saldarlas en un período de tiempo determinado.

También puede trabajar con un planificador financiero para alcanzar las metas más realistas y que valgan la pena. A veces los planificadores les dicen a sus clientes lo que quieren oír, pero un buen planificador les dirá lo que necesitan oír.

Además, recuerde que pagar a su planificador financiero es un gran desperdicio si no utiliza sus consejos. Sería como ir al médico y luego no tomar el medicamento recetado.

Cuando haya establecido sus metas, identifique un plan sólido.

2. Elaboración de un presupuesto

Toda planificación financiera requiere que usted gaste menos dinero del que gana. Ya sea que su meta sea jubilarse temprano o pagar su hipoteca, usted necesita dinero extra para hacer realidad dicha meta. Por eso necesita un presupuesto. Usted encontrará que muchas personas se saltan este paso, razón por la cual nunca logran metas financieras significativas.

Mucha gente piensa que los presupuestos añaden estrés, pero la mayoría de las veces, hacen lo contrario.

3. Recorte de gastos

Identifique los gastos necesarios en su presupuesto. Esto es lo que debes pagar sin importar lo que pase. Luego identifique los gastos que son importantes, pero sin los cuales usted podría vivir. Estos son necesarios, sin embargo, pueden ser cortados hasta cierto punto.

Identificar los gastos discrecionales. Estos pueden ser deseables, pero no son necesarios. Usted puede eliminar completamente estos gastos sin afectar su supervivencia.

Cuando usted tiene todos sus gastos en categorías apropiadas, es hora de hacer reducciones. Reducir los gastos importantes y eliminar algunos gastos discrecionales.

4. Eliminar las deudas

No tiene sentido invertir y ahorrar dinero cuando está pagando muchos intereses sobre la deuda que debe.

Salir de la deuda requiere disciplina, pero es posible. Si tiene muchas deudas, debe reducir drásticamente sus gastos y aumentar sus ganancias para pagarlas rápidamente. Incluya toda su deuda excepto la primera hipoteca de su casa.

Cuando se le acaben las deudas, establezca sistemas que le impidan volver a endeudarse. Esto incluye apartar dinero para compras grandes y tener el seguro de salud adecuado para que no tenga que asumir deudas médicas repentinas.

5. Construir un fondo de emergencia

Cuando esté sin deudas, considere la posibilidad de crear un fondo de emergencia que pueda cubrir sus gastos durante seis meses. Este colchón le permitirá dejar sus inversiones en paz durante los momentos difíciles. Esto sólo debe usarse para emergencias reales como la pérdida de empleo, para proteger los ahorros e inversiones de jubilación.

Si tiene que recurrir al fondo de emergencia, concéntrese en devolver el dinero lo antes posible. Si tiene un trabajo inestable, debe considerar ahorrar para cubrir los gastos durante un año en caso de que surja una emergencia.

Si está creando un plan financiero al mismo tiempo que paga la deuda, establezca un fondo de emergencia más pequeño de aproximadamente $1,500 o un ingreso mensual para ayudarle a cubrir gastos inesperados. Esto le asegurará que saldrá de la deuda sin añadir más deuda.

6. Determine su patrimonio neto

Averigua dónde está antes de pensar en dónde quiere estar. Cree una declaración de patrimonio neto para hacerse una idea de su situación financiera.

Resuma todos sus activos y reste los pasivos. Lo que queda es su patrimonio neto.

7. Compruebe su flujo de caja

Si desea un plan financiero sólido, debe entender cuánto ahorra y cuánto gasta. Puede utilizar una aplicación o una hoja de cálculo para hacer un seguimiento del dinero proveniente de los intereses, salarios y beneficios del gobierno, y del dinero que se destina a pagos de deudas, alquileres y facturas de servicios públicos.

Llene sus gastos mensuales en una columna y los gastos anuales en una columna diferente. Sume los gastos en ambas columnas y luego reste del ingreso neto total sobre una base anual y mensual. Obtendrá su superávit o déficit de flujo de caja.

El seguimiento de su flujo de efectivo le dará una sensación de confianza y control que le facilitará la implementación de los cambios financieros.

8. Haga coincidir sus objetivos con sus gastos

Ya que usted ha identificado sus metas y determinado el flujo de caja, es hora de comparar sus metas con sus gastos. ¿Qué tan bien encajan sus hábitos de gastos con sus metas?

Si hay un déficit de flujo de caja, significa que usted no alcanzará su meta, así que tendrá que reducir ciertos gastos para asegurarse de que haya dinero sobrante. Si hay un superávit de efectivo, entonces usted puede comenzar a asignar dinero para alcanzar sus metas.

9. Revise la cobertura de su seguro

Muchos planes de empleadores ofrecen una cobertura mínima de seguro de vida. Los cálculos básicos le ayudarán a determinar si cubre lo suficiente. Debe asegurarse de que su seguro de vida sea suficiente para pagar las deudas que debe. Además, debe cubrir diez veces su ingreso cuando tiene hijos menores de 10 años, y cinco veces su ingreso si tiene hijos mayores de 10 años.

10. Reducir los impuestos

La mayoría de las familias tienen un plan de impuestos directo y lo más probable es que usted ya se aproveche de los mejores refugios de impuestos cuando es dueño de una casa o cuando contribuye a su TFSA, RRSP y RESP.

Pero si usted trabaja por cuenta propia y depende de los ingresos por alquileres, comisiones o inversiones significativas, puede contratar a un contador para que le ayude en la planificación de los impuestos sobre la renta.

11. Crear una política de inversión

Un buen plan financiero debe tener una declaración de política de inversión que aconseje sobre cómo debe invertirse su cartera.

Cuando escriba su política de inversión en papel, le ayudará a mantenerse al día con las inversiones cuando los mercados se vuelvan volátiles.

Puede crear una política simple. Por ejemplo, hay que indicar que debe invertir en ETFs de bajo costo y ampliamente diversificados o en fondos de índices que se reequilibrarán anualmente para mantener el 25% de los bonos canadienses, el 25% de los valores de renta variable estadounidense, el 25% de los valores de renta variable canadienses y el 25% de los valores de renta variable internacional. El dinero nuevo se agregará a los fondos de menor valor para que usted pueda comprar bajo.

12. *Crear un testamento y mantenerlo actualizado*

Todo adulto con bienes, hijos y cónyuge debe tener un testamento. Usted necesita un testamento preciso y actualizado para que sus activos puedan ser distribuidos de la manera que usted desea.

La planificación financiera no termina cuando uno muere. Usted debe tomar medidas para lo que podría sucederle a su propiedad cuando usted no esté. Si usted no tiene un testamento, lo más probable es que los sobrevivientes terminen en la corte luchando por sus bienes. Sus activos podrían incluso terminar desapareciendo.

Dedique algún tiempo y reúnase con un abogado de confianza para redactar un testamento que distribuya sus bienes de acuerdo con sus deseos.

Cree uno ahora y podrá hacer ajustes en el futuro si su situación financiera cambia.

13. *Ahorrar para la jubilación*

Tal vez ha estado ahorrando para la jubilación, incluso si es sólo una pequeña cantidad cada mes. Tan pronto como salga de la deuda, su flujo de efectivo aumentará, permitiéndole ahorrar más dinero para la jubilación.

Si aún no ha comenzado a ahorrar, comience con una cantidad que no perjudique su situación financiera. Su meta debe ser aumentar su contribución cada año.

Puede lograrlo dirigiendo su futuro aumento de sueldo a la contribución. También puede aumentarlo redirigiendo los pagos de la deuda una vez que haya pagado la deuda. Si usted tiene una situación financiera fuerte, se sentirá seguro de contribuir con una cantidad enorme a su plan de jubilación, como cheques de bonificación y reembolsos de impuestos sobre la renta.

14. *Ahorrar para otros objetivos*

Hay muchas otras razones para ahorrar dinero. Ahorrar para una futura educación universitaria o un automóvil nuevo son ejemplos perfectos.

La razón de ahorrar para estas otras metas es que haya más dinero disponible para otros gastos y para que pueda evitar endeudarse y pagarlos.

No sirve de nada trabajar duro para salir de la deuda, sólo para volver a caer en ella cuando se enfrenta a un gran gasto.

Muchas personas se quedan atascadas en un ciclo de deuda del que nunca parecen recuperarse. Es por eso por lo que un buen plan financiero debe incluir una estrategia de prevención. Esto implica ahorrar dinero para cosas que sucederán en el futuro.

Puede establecer un depósito semanal automático en su cuenta de ahorros. Usted puede ahorrar $150 por semana en lugar de $500 por mes. Las cantidades más pequeñas pueden ser más realistas que las cantidades más grandes.

15. *Invertir y diversificar*

Cuando haya alcanzado el límite de elegibilidad en las cuentas de jubilación, puede utilizar otras herramientas como anualidades, fondos mutuos o bienes raíces para aumentar su cartera de inversiones.

Usted debe diversificar los tipos de inversiones que realiza. Si usted es cuidadoso y consistente con sus inversiones, habrá un punto en el que las inversiones harán más dinero que usted. Esto es una gran cosa para tener de su lado cuando se jubile.

Cuando esté más cerca de jubilarse, es posible que desee cambiar la forma en que invierte. Realice inversiones más seguras que no se vean afectadas por los cambios del mercado. Esto asegura que usted tenga el dinero que necesita incluso si la economía se derrumba. Cuando se es joven, se tiene suficiente tiempo para que el mercado se recupere. Usted puede conseguir un asesor financiero si necesita ayuda con esto.

Capítulo 4 - Salir de la deuda

Muchas personas tienen planes para pagar sus deudas y la mayoría de ellas fracasan porque no han identificado su verdadera motivación. Usted puede comenzar totalmente motivado para pagar toda la deuda, pero es fácil desanimarse después de haber pasado las etapas iniciales.

Si desea mantener su impulso, debe recordarse continuamente las razones por las que necesita salir de deudas. ¿Cómo le beneficiará pagar su deuda? ¿Qué no puede hacer ahora que puede cuando está libre de deudas?

Si no ha identificado su verdadera motivación, hágalo ahora. Su motivación es la recompensa por la que está caminando. Definirlo le hará darse cuenta de cuánto lo quiere y cuánto está dispuesto a trabajar para lograrlo.

Salir de deudas aumenta su seguridad financiera. Es una grave amenaza para la seguridad financiera. La cantidad que usted gasta en pagos de deudas podría haberse ahorrado para una emergencia, jubilación o para el fondo universitario de su hijo. Estar libre de deudas le permite estar seguro financieramente.

Las deudas también le impiden ahorrar dinero para las cosas que disfruta. Desafortunadamente, esta es la razón por la que la gente se endeuda más. No pueden permitirse las cosas que aman, así que hacen pagos a crédito hasta que ya no pueden pedir más dinero prestado. Pagar todas las deudas le libera de este círculo vicioso y le permite gastar sus ingresos en lo que disfruta.

Las deudas también pueden causar más estrés, ya que usted se preocupa por cubrir los pagos de las deudas y otros gastos. Un poco de estrés ocasionalmente no es dañino, pero el estrés todo el tiempo puede llevar a problemas serios de salud como migrañas y ataques cardíacos. Liberarse de las deudas puede salvarle la vida.

Lo que es desafortunado acerca de las deudas es que mientras a más gente le debe, más cuentas debe pagar. Cuando usted está libre de deudas, tiene menos cuentas cada mes. Sólo tendrá que preocuparse por los gastos básicos como el servicio de telefonía celular, el seguro y los servicios públicos.

Una persona libre de deudas tiene una puntuación de crédito más alta. Una deuda enorme, como una deuda de tarjeta de crédito, tendrá un impacto negativo en su puntaje crediticio.

Una persona libre de deudas también enseña a sus hijos buenos hábitos de dinero con el ejemplo. Si usted quiere que sus hijos se mantengan alejados de las deudas, demuéstreles la importancia de estar libres de deudas y cómo vivir una vida libre de deudas.

Averigüe qué causa las deudas

¿Alguna vez ha considerado la razón por la que tiene una deuda? ¿Alguna vez ha hecho el recuento de estas razones? Todos sabemos que la deuda puede llevarnos a consecuencias desastrosas en nuestras vidas. A veces consume nuestros activos, daña nuestras relaciones y produce un estrés mental intenso.

Muchas personas han caído profundamente en el agujero negro de la deuda financiera. Si bien es posible que conozcamos las razones obvias del por qué, hay otros factores que llevan a la acumulación de deuda.

La mayoría de la gente ha pasado su vida adulta endeudada y no hay nada divertido en ello, pero no tiene por qué definirte.

A pesar de que existen programas efectivos de eliminación de deudas como la liquidación y consolidación de deudas, debemos estar conscientes de las cosas que nos llevan a cometer grandes errores financieros para poder evitarlos.

1. Falta de uso prudente del dinero

El primer error que nos lleva a la deuda es gastar más de la cuenta. Muchas personas se han metido en problemas financieros porque gastaron más de lo que podían permitirse. Esto suele ocurrir cuando no se establece un presupuesto o se crea uno y no se cumple.

Si gasta más de lo que gana, debe aprender a reducir sus gastos. Y una vez que haya recortado sus gastos, es hora de averiguar cómo puede ganar más dinero.

Otra forma en que la gente no usa su dinero sabiamente es no obtener un seguro. Esto ha hecho que muchos individuos y empresas caigan en deudas enormes. Cuando usted tiene un seguro adecuado, especialmente un seguro de salud, usted se mantendrá a flote durante una emergencia.

Lo mismo ocurre con las pequeñas empresas. Si una pequeña empresa no contrata un seguro de responsabilidad civil u otras coberturas de seguro, podría sufrir una pérdida financiera significativa si ocurre un accidente o si es demandada. El seguro de negocios es crucial para todas las empresas para la protección básica.

Algunas personas tampoco ahorran para un fondo de emergencia, por lo que se endeudan enormemente cuando se produce una emergencia. Incluso ahorrar una pequeña cantidad de dinero puede hacer una gran diferencia. Sin un fondo de emergencia, puede ser difícil recuperarse de una emergencia. Tendrá que usar sus ahorros o pagar con crédito. Esto puede conducir a una gran acumulación de deuda.

Algunas personas adquieren el hábito de apostar y terminan perdiendo mucho dinero. Muchos ven el juego como el mejor tipo de entretenimiento, pero es sólo una forma garantizada de darle su dinero a las compañías de juegos de azar. Como los préstamos están fácilmente disponibles en estos días, la gente es adicta a la idea de ganar la lotería y hacerse rica. El juego puede llevar a alguien a tirar su futuro a la basura mientras intenta recuperar el dinero que ha perdido.

2. Incertidumbre de vida

A veces pasan cosas en nuestra vida que no esperamos y terminan causando problemas financieros. Por ejemplo, las cirugías médicas pueden ser costosas. Los costos y gastos médicos a veces pueden llevar a la gente a endeudarse. Si alguien ha pasado por una cirugía médica mayor, es probable que su seguro no cubra el costo total. A veces pueden no estar asegurados en absoluto. Cuando esto sucede, podrían fácilmente acumular una deuda enorme. Puede ser difícil evitar el costo masivo del procedimiento, pero todavía se pueden encontrar grandes hospitales que cobran menos que el resto. Usted no tiene que ir a un hospital específico a menos que su seguro lo requiera.

Otra incertidumbre es la inflación. La mayoría de la gente no se da cuenta de cuánto ha subido el costo de la vida. Entre la gasolina, la comida, la vivienda y otros gastos, la mayoría de las personas no recibirán un aumento de sueldo para compensar estos aumentos. Si no pueden recortar los gastos, puede conducir a más deudas. Si usted deja su dinero en una cuenta de ahorros regular, sus ahorros podrían ser despojados debido a la inflación.

Otra razón por la que la gente se endeuda es un cambio de ingresos. La gente tendrá dificultades para pagar las cuentas y rápidamente absorberá los ahorros o recurrirá a las tarjetas de crédito.

Usted también podría mudarse a una casa diferente y la banda de impuestos del concilio podría llegar a ser alta. Tal vez el propietario le aumente el alquiler. La tasa de interés de una hipoteca también podría subir. ¿Cómo va a hacer frente a estos cambios? Esto puede enviar fácilmente a una persona a endeudarse.

El divorcio también puede suponer una carga para los gastos personales. Hay leyes que gobiernan lo que se debe hacer con dinero durante un acuerdo de divorcio. Si una de las partes exige demasiado, la otra podría tener que endeudarse para pagar un abogado, así como lo que la otra parte quiere como parte del acuerdo.

4.   Robo de identidad

El robo de identidad ocurre cuando un criminal abre ilegalmente una cuenta a su nombre y luego acumula una gran cantidad de deudas. La víctima se quedará con toda la deuda que alguien más acumuló y deberá pagarla. Los casos de robo de identidad han ido en aumento y podría sucederle a cualquiera.

5.   Falta de conocimientos financieros

Mucha gente no tiene la experiencia o educación financiera necesaria para tomar decisiones financieras acertadas. Pueden terminar dependiendo de las tarjetas de crédito u obteniendo préstamos con altos intereses porque no saben qué es lo mejor que pueden hacer.

Además, un presupuesto deficiente conduce a la deuda. Una persona con buenos conocimientos financieros sabe lo importante que es un presupuesto mensual. Sin un buen presupuesto, no podrá saber adónde va su dinero. Si usted lleva un registro de los gastos durante todo un mes, verá exactamente adónde va su dinero. Aquí es donde usted puede aprender acerca de los gastos innecesarios. Sin esto, usted puede fácilmente gastar más de la cuenta y acumular deudas.

6. Familias en expansión

Muchas personas casadas y solteras pueden sentir que tienen mucho dinero extra, pero una vez que deciden tener hijos, eso puede cambiar. A veces las familias pueden tener que renunciar a un ingreso, lo que puede perjudicar sus finanzas. Si usted no tiene un hijo, es posible no entender que los servicios de guardería pueden costar mucho. Se sorprendería de la cantidad de dinero que requieren las guarderías todos los meses.

7. Impuestos y cargos por altos intereses

Para la mayoría de la gente, los impuestos federales se han mantenido estables durante años, pero los impuestos estatales, de productos y locales, han seguido aumentando. Esto significa que la persona promedio tiene menos dinero para gastar. Hay impuestos en todas partes y cuanto más dinero ganamos, más se nos gravan.

Muchas cuentas de tarjetas de crédito tienen tasas de interés que exceden el 20%. Esto puede hacer que sea imposible pagar la deuda. Muchos se han endeudado mucho por culpa de las tarjetas de crédito.

8. Inversiones pobres

Las personas pueden tener buenas intenciones cuando empiezan a invertir, pero a veces estas inversiones van mal y pierden dinero.

A veces invertir puede ser complicado, pero no tiene por qué serlo. Usted necesita tener cuidado al invertir o de lo contrario podría perder mucho dinero. Considere la posibilidad de mantener sus inversiones simples.

9. *Enterrar la cabeza en la arena*

Si no abre los correos electrónicos en su felpudo, si evita las llamadas telefónicas de sus acreedores e ignora los problemas financieros, se dará cuenta de que se endeudará rápidamente.

Tal vez no tiene suficiente tiempo para ocuparse de sus finanzas o piensa que, si no abre su correspondencia, la situación desaparecerá. Ambas suposiciones son erróneas.

Cuando no se puede hacer frente a la situación, las cosas sólo empeorarán. Si no puede pagar una cuenta del hogar, llámelos. Explíqueles por qué no puede pagar y discuta los planes.

Ignorar una factura puede convertirla en deuda. Usted puede empezar a ver cartas de un abogado o de una compañía de administración de deudas. Ellos empezarán a perseguir estos pagos y esto afectará su puntaje crediticio. Las tarifas también llegarán pronto. Usted puede ser llevado a la corte y se le puede dar un CCJ. Los agentes de la policía aparecerán sin avisar y llamarán a su puerta. Para evitar esto, atienda esas llamadas y deje de evitar esas cartas.

10. *Compararse con los demás*

Gastar dinero porque siente que necesita las mismas cosas que los demás pronto lo llevarán a endeudarse. Esto es especialmente cierto si usted no puede pagar estas cosas. La mayoría de la gente en la sociedad quiere algo que sus vecinos tienen. La moda cambia cada temporada y los medios de comunicación empujan a los productos a fabricar deseos. Uno puede fácilmente quedar atrapado en derroches.

No importa lo que otros estén haciendo. Deje las comparaciones ahora.

11 técnicas prácticas para ayudarle a salir de deudas - sin importar la cantidad

No importa por lo que esté pasando, ya sea que haya pedido un préstamo o que haya agotado el límite de su tarjeta de crédito, es su obligación devolverlo. Incluso si usted ha enfrentado una experiencia que le ha cambiado la vida como un accidente, la pérdida del trabajo o un aumento en los gastos después de tener un hijo, la deuda no decidirá de repente ser amable.

Los gastos excesivos pueden ocurrir en cualquier momento del año. La mayoría de la gente trata de salir de la deuda, pero la vida se vuelve más dura y algunos terminan rindiéndose. Este no debería ser el caso para usted. Hay mucha gente que sale de deudas todos los días. La mayoría de la gente lo hace en poco tiempo.

Si usted ha comenzado un viaje hacia la libertad financiera, debe tener un plan para manejar sus deudas.

Piensa en ese gran proyecto que estás planeando. Tal vez sea una renovación de la casa, una tarea de la escuela, del trabajo u ordenar el garaje. Algunos proyectos son tan desalentadores que terminamos posponiéndolos por un tiempo. A mucha gente le resulta imposible saldar sus deudas porque tratan con ellos de esta manera.

Aplazan el contestar el teléfono, abrir el correo o hacer cualquier tipo de reparación porque parece una tarea demasiado grande.

Tan tentador como puede ser ceder al estancamiento, la mejor manera de abordar un proyecto de gran envergadura es dividir las tareas en pasos más pequeños que se puedan lograr. Esta misma regla se aplica para salir de la deuda. Aquí están las técnicas que le ayudarán:

1.   *Pague más de lo mínimo*

Si usted tiene un saldo de tarjeta de crédito de aproximadamente $15,000, y paga un APR del 15%, y hace un pago mensual mínimo de $600, le tomará aproximadamente 13 años pagarlo. Eso es sólo si no pide prestado más dinero mientras tanto. Esto puede ser un gran desafío.

Ya sea que usted tenga un préstamo personal, una deuda de tarjeta de crédito o un préstamo estudiantil, la mejor manera de salir pronto de la deuda es pagar más que el pago mensual mínimo. Cuando lo haga, ahorrará en intereses mientras paga el préstamo y le ayudará a pagar la deuda antes. Para evitar dolores de cabeza, asegúrese de que su préstamo no le cobre multas por pago anticipado antes de comenzar.

Si necesita ayuda, hay muchas herramientas de pago móviles y en línea que le ayudarán. Ellos le ayudarán a hacer un seguimiento y un gráfico de su progreso a medida que trata de despejar los saldos.

2. Usar el exceso de efectivo para pagar la deuda

Siempre que haya dinero extra en su regazo, úselo para acelerar el proceso de pago de la deuda. Algunos buenos ejemplos de este dinero inesperado incluyen una herencia, las ganancias de la venta de un coche, un reembolso de impuestos, y las ganancias de una apuesta. Cuanto más dinero invierta en el pago de la deuda, más rápido se liquidará. El pago de la deuda no tiene que tomar para siempre. Utilice el dinero que obtenga de su aumento anual o bono de trabajo para acelerar las cosas.

Cada vez que obtenga una fuente de ingresos inusual, desvíe el dinero y úselo con prudencia. Incluso puede utilizar el dinero para compensar el saldo más pequeño, de modo que pueda concentrarse en el más grande.

3. Pruebe el método bola de nieve de la deuda

Considere la posibilidad de probar el método de bola de nieve de la deuda para crear impulso y acelerar el proceso de pago de la deuda.

El primer paso consiste en hacer un listado de todas sus deudas y organizarlas desde las más pequeñas hasta las más grandes. Siempre que tenga exceso de fondos, comience por pagar el saldo más pequeño. Considere hacer pagos mínimos en los préstamos más grandes. Cuando se haya pagado el saldo más pequeño, comience a usar los fondos excedentes para pagar la siguiente deuda más pequeña hasta que la haya saldado y así sucesivamente.

A medida que pase el tiempo, podrá eliminar los saldos más pequeños y dispondrá de más dinero para eliminar los préstamos más grandes.

4. Conseguir un trabajo a tiempo parcial

Eliminar la deuda con el método de bola de nieve puede acelerar el proceso de pago, pero ganar más dinero puede acelerar aún más el proceso.

La mayoría de las personas tienen una habilidad o un talento que pueden monetizar. Puede ser cuidar niños, limpiar casas, cortar el césped o convertirse en un asistente virtual.

Hay muchos sitios que pueden ayudarle a ganar dinero extra.

Busque un trabajo a tiempo parcial en su área con un minorista local que pueda necesitar trabajadores temporales para que lo ayuden cuando las tiendas estén ocupadas. Estos trabajos de medio tiempo pueden ayudarle a ganar suficiente dinero para salir de la deuda.

Hay otros trabajos de temporada que puede conseguir. Durante la primavera, hay muchos trabajos en granjas e invernaderos que pueden beneficiarlo.

Durante el verano, puede intentar ser operador turístico, paisajista o socorrista. Durante el otoño, hay trabajos estacionales en parches de calabazas, atracciones de casas embrujadas y para la cosecha de otoño.

No importa la época del año, siempre encontrará un trabajo temporal para ayudar con las finanzas.

5. *Haga los pagos de la deuda tan a menudo como pueda*

Esta estrategia vale la pena cuando se trata de cuidar de su hipoteca. Cuando usted hace pagos mensuales, terminará pagando más intereses y perderá la oportunidad de aprovechar el tiempo.

El tiempo seguirá avanzando sin importar cómo haga sus pagos, por lo que la estrategia más fácil y menos dolorosa para pagar sus préstamos hipotecarios es acelerar los pagos.

Cambie la frecuencia de sus pagos mensuales a semi mensuales, semanales o quincenales. Esto dependerá de la frecuencia con la que reciba un cheque de pago. Este cambio le ahorrará dinero y tiempo. La mejor estrategia para abordar un gran proyecto es dividirlo en pasos más pequeños.

Hacer pagos frecuentes es también una estrategia perfecta para pagar la deuda de su tarjeta de crédito. Cuanto más a menudo haga pagos, incluso si es sólo con dinero extra, menos probable es que lo desperdicie en algo que no necesitará. Si quiere salir de deudas, busque maneras de hacer pagos tan a menudo como pueda.

6. *Crea y viva con un presupuesto básico*

Si desea salir de la deuda rápidamente, debe reducir los gastos tanto como sea posible. Puede utilizar un presupuesto básico para ayudarle con esto. Esta estrategia consiste en reducir los gastos lo más posible y vivir una vida sencilla durante el mayor tiempo posible.

Un presupuesto básico es diferente para cada persona, pero debe apuntar a eliminar todos los gastos extras como la televisión por cable, comer fuera de casa u otros gastos innecesarios.

Debe recordar que un presupuesto básico debe ser utilizado temporalmente. Cuando usted está fuera de la deuda, o cuando está más cerca de su objetivo, puede empezar a añadir estos extras de nuevo en su presupuesto.

Tener un presupuesto que haga un seguimiento de sus ingresos y gastos es importante cuando se trata de salir de deudas en poco tiempo. El presupuesto le ayudará a medir su estado financiero para que pueda acercarse a sus metas.

Un presupuesto le mostrará si tiene dinero excedente o si tiene un déficit.

7.   *Pruebe el método de escalera*

El método de escalonamiento implica listar todas sus deudas, comenzando con la deuda que tiene la tasa de interés más alta y terminando con la deuda de bajo interés.

Este método le ahorrará una cantidad significativa de tiempo con el uso continuo. Usted estará ahorrando el dinero que habría usado para intereses cuando salde la deuda con el interés más alto. Cuando se elige esta estrategia, hay que atenerse a ella. Cada mes, ponga todo el dinero que pueda para pagar la deuda con la tasa de interés más alta, mientras sigue pagando los mínimos requeridos en otras tarjetas. Cuando la deuda esté pagada, desvíe los fondos sobrantes a la segunda deuda con la segunda tasa de interés más alta, y así sucesivamente. Es importante no cerrar la cuenta cuando haya pagado el saldo. Esto dañará su crédito. Deja que la cuenta se quede sin fondos por un tiempo.

Si tiene pequeñas deudas que puede pagar fácilmente, hágalo. Le traerá un progreso tangible para que pueda empezar. Cuando lo haya hecho, comience a abordar la tarjeta con la tasa de interés más alta.

8.   Venda las cosas que no necesita

Si está buscando una manera de obtener dinero rápido, considere la posibilidad de guardar sus pertenencias. La mayoría de las personas tienen muchas cosas en sus casas que no necesitan. Lo más probable es que nunca las usen. ¿Por qué no vender esos artículos y usar el dinero para pagar la deuda?

Si usted vive en un área que permite una venta de garaje, entonces tal vez eso sea suficiente. Es la manera más fácil y barata de descargar las pertenencias no deseadas y ganar dinero. Si eso no es una opción, considere la posibilidad de venderlas a través de un revendedor en línea, una tienda de consignación o un grupo de venta de garaje en Facebook.

9.   Evitar el gasto impulsivo

Si encontrar el dinero extra es lo que le está reteniendo, considere hacer un seguimiento de sus gastos durante algunas semanas para saber a dónde va su dinero. Puede que se sorprenda de sus hábitos de gasto. La mayoría de la gente no se da cuenta de lo rápido que pueden sumarse los pequeños gastos. Tal vez te encanta coger un periódico, comprar café a diario, comprar comida para llevar en lugar de preparar la cena. Estos hábitos de gasto le impedirán ahorrar suficiente dinero para saldar su deuda.

También hay otros hábitos que no se notan fácilmente, por ejemplo, las suscripciones a canales de televisión que nunca se ven, la descarga de aplicaciones y tonos de llamada, la compra de juguetes y regalos en una tienda de comestibles porque es conveniente.

Usted puede conseguir casi todo lo que quiera en cualquier momento en una tienda de comestibles de un supermercado local. Si quiere salir de la deuda, asegúrese de evitar las compras por impulso.

10. Pida tasas de interés más bajas para las tarjetas de crédito y negocie otras facturas.

Si las tasas de interés de las tarjetas de crédito son altas, puede ser imposible avanzar en su saldo. Considere llamar al emisor de su tarjeta y negociar. Puede que usted no lo sepa, pero pedir tasas de interés más bajas sucede mucho. Si usted tiene un buen historial de pagar sus cuentas a tiempo, lo más probable es que obtenga una tasa de interés más baja.

Aparte de las tarjetas de crédito, otras facturas pueden ser negociadas o eliminadas. Recuerde que la peor respuesta que puedes obtener es no. Cuanto menos pague por gastos fijos, más dinero recibirá por el pago de sus deudas.

Si no es de los que negocian, considera la posibilidad de utilizar aplicaciones que revisen su historial de compras. Encontrará tarifas repetidas y suscripciones olvidadas que usted podría querer recortar de su presupuesto.

11. Considerar las transferencias de saldos

Si una compañía de tarjetas de crédito no cambia sus tasas de interés, tal vez sea una buena idea considerar una transferencia de saldo. Hay muchas ofertas de transferencia de saldos y puede obtener un APR del 0% durante 15 meses. Sin embargo, es posible que tenga que pagar un cargo por transferencia de saldo de aproximadamente el 3% por el privilegio.

Algunas tarjetas no cobran un cargo por transferencia de saldo durante los primeros dos meses. También ofrecen un APR introductorio del 0% en compras y transferencias de saldo durante los primeros 15 meses.

Si usted tiene un saldo en su tarjeta de crédito, es factible que pueda pagar durante el período de tiempo, transfiriendo el saldo a una tarjeta con un APR introductorio del 0% podría ahorrarle algo de dinero en intereses mientras le ayuda a pagar su deuda más rápido.

Puede ser fácil seguir viviendo en deudas si nunca ha enfrentado la realidad de la situación en la que se encuentra. Pero cuando ocurra un desastre, obtendrá una perspectiva dolorosamente nueva rápidamente. Uno también puede enfermarse de vivir un estilo de vida ajustado, y considerar otras maneras de llegar a fin de mes.

No importa el tipo de deuda que tenga, ya sea de préstamos para autos, préstamos estudiantiles u otro tipo de deuda, es crucial saber que puede salir de ella. Puede que no ocurra en un día, pero se puede lograr un futuro libre de deudas cuando se crea un plan. Usted tendrá que atenerse al plan para tener éxito.

No importa el plan que tenga, estas estrategias pueden ayudarle a salir de deudas antes de lo que pensaba. Cuanto más rápido salgas de sus deudas, más rápido podrás empezar a vivir una vida que siempre has querido.

Capítulo 5 - Hacer más con menos

Ya sea que tenga alguna reserva en el tanque o que esté viviendo de cheque en cheque, es probable que esté considerando cómo aumentar sus ingresos. ¿Cómo puede ganar más dinero sin perder más tiempo en su día?

Es difícil persistir cuando se tiene problemas financieros, pero ¿qué otras opciones tienen? Al final del día, esto se reduce a la forma en que usted utiliza el dinero que tiene y su mentalidad de dinero. Hay muchos beneficios en el pensamiento positivo, pero eso por sí solo no es suficiente para ayudarle a aumentar sus ingresos.

Debes actuar. Eso es lo que hace falta. Pero antes de actuar, necesita saber qué hacer. ¿Cómo aumentará sus ingresos para tener suficiente dinero a fin de mes? Primero, tendrá que aprender a maximizar el uso de sus ingresos, ahorrar suficiente dinero y cómo invertir y construir sus activos personales.

Aprenda cómo maximizar el uso de sus ingresos

Si encuentra algo de dinero extra en su presupuesto, lo más probable es que lo uses. Aunque pueda parecer divertido usarlo en cosas que siempre ha querido, eso no es algo inteligente. Lo más sabio que puede hacer es gastar dinero en lo que pueda ayudarle a usted y a su familia.

Usted no tiene que poner todo su dinero en una cuenta de ahorros. Si bien es bueno ahorrar algo de dinero para los tiempos difíciles, hay muchas maneras de maximizar el uso de sus ingresos. Aunque estas adquisiciones pueden no ser divertidas para usted, pueden ayudarle a invertir en su futuro. Estas sabias maneras de gastar su dinero le ayudarán a vivir una vida feliz sabiendo que está usando su dinero responsablemente.

1. Pagar la deuda

Si quiere aún más dinero para gastar, pague su deuda. Es una de las maneras más inteligentes de gastar su dinero. Por ejemplo, si usted debe $2000 en una tarjeta de crédito y normalmente le envía al acreedor $250 por mes, ¿por qué no usar la declaración de impuestos para pagar su deuda? Entonces tendrá un extra de $250 cada mes. Si bien es posible que usted tenga planes para ese dinero, obtener $250 por mes puede hacer una gran diferencia en su presupuesto.

2. Comprar un seguro

El seguro es una de esas cosas que esperamos no necesitar nunca, pero si lo tenemos cuando lo necesitamos, puede hacer una gran diferencia. Necesita invertir en un plan que le ayude. Por ejemplo, tener un plan de seguro de salud ayuda a asegurar que usted siempre obtenga costos asequibles, en caso de que se enferme. Esto también se aplica a los seguros de vida, de hogar y de automóvil. Cuando usted tiene un buen plan de seguro, está mejor equipado para manejar los eventos inesperados de la vida.

3. Invierta en un plan de jubilación

Otra excelente manera de maximizar sus ingresos es invirtiendo en un plan de jubilación. Esto le ayudará si no quiere pasar el resto de tu vida trabajando. Considere la posibilidad de invertir en su futuro. Si se ofrece, considere tener un 401(k) en el trabajo e iguale lo que contribuye su empleador. Si desea dar un paso más, puede abrir una cuenta IRA. Se le pedirá que invierta cada año, y la cantidad que pague dependerá de su edad.

4. Hacer mejoras en el hogar

Usted no quiere comprar una ventana o un techo nuevo hasta que deba hacerlo. Sin embargo, invertir en mejoras para el hogar puede aumentar el valor de su casa. En algunos casos, estas mejoras pueden reducir sus gastos de electricidad. Por ejemplo, comprar un refrigerador nuevo puede reducir significativamente su factura de electricidad. Las mejoras a la vivienda pueden aumentar el valor de reventa de su casa y convertirla en una inversión en lugar de un gasto enorme.

5. *Invertir en educación*

Siempre es una buena idea invertir su dinero en educación. Usted puede tomar una clase para aprender una nueva habilidad para un trabajo, aprender un nuevo pasatiempo o comenzar una nueva carrera o título para ayudarle a obtener un ascenso.

Cualquiera que sea su razón, tomar clases puede ser beneficioso y vale la pena su tiempo y dinero. En algunos casos, su empleador puede incluso reembolsarle por las clases que usted tome. Recuerde consultar primero con su empresa. También puede obtener beneficios fiscales.

6. *Asistir a una conferencia*

Asistir a una conferencia es una gran inversión. Obtendrá la información más reciente sobre su área de especialización para ayudarle a tener más éxito en lo que hace. Puede conocer a mucha gente y construir una gran red de contactos. Si usted trabaja por cuenta propia, es una manera perfecta de informar a los clientes potenciales sobre sus servicios.

¿Puede vivir con la mitad de sus ingresos y ahorrar el resto? Probablemente

¿Qué tan pronto podría alcanzar la independencia financiera, si pudiera vivir con la mitad de lo que gana e invertir el resto?

Probablemente dentro de seis años, y casi con seguridad menos de diez años.

Debe tener en cuenta que la jubilación y la independencia financiera no son sólo cuestión de cuánto gana. Se trata de cuánto de sus gastos puede pagar con los ingresos de sus inversiones.

Usted puede acelerar ese proceso de dos maneras: aumentando las inversiones y reduciendo sus gastos. Bueno, la buena noticia es que estos dos objetivos pueden lograrse con el mismo proceso. Implica vivir con un porcentaje de sus ingresos e invertir el resto para obtener un ingreso más pasivo.

Considere este desafío: asuma que usted puede vivir con la mitad de sus ingresos y eliminar la incredulidad. ¿Qué medidas financieras necesitaría para llegar allí?

1. *Haga que dos semanas paguen su nuevo presupuesto*

Al crear su presupuesto mensual, por lo general se tienen en cuenta los ingresos de cuatro semanas. Ocasionalmente usted recibirá un cheque de pago adicional, pero normalmente recibirá cheques de pago por cuatro semanas.

Si normalmente se le paga cada dos semanas, significa que recibe dos cheques de pago en un mes. Su reto sería cómo puede vivir con una sola paga. Eso es después de los impuestos. Ese es tu nuevo presupuesto.

¿Parece imposible? Bueno, ¿qué pasaría si pierde su trabajo mañana, pasa los próximos seis meses sin trabajo y finalmente obtiene un trabajo que le da la mitad de sus ingresos? ¿Estaría en la calle? ¿Se moriría de hambre?

No, tendría que pagar sus gastos y seguir adelante. Eso significa que es 100% posible vivir con la mitad de sus ingresos. Todo lo que tiene que hacer es hacer algunos cambios en su estilo de vida.

Su nuevo presupuesto debe ser sólo el valor del ingreso de un cheque de pago. Comience por escribir sus gastos fijos mensuales. Esto incluye facturas de servicios públicos fijas, pago del automóvil, vivienda y otros gastos. Luego anote sus gastos variables como la gasolina de su automóvil, las facturas basadas en el uso, los comestibles y otros. Y finalmente, anote los gastos recurrentes semestrales y anuales, tales como regalos de vacaciones, seguros, gastos de contadores, etc.

Cuando tenga todo eso, simplemente reduzca los gastos innecesarios para que se ajusten a su nuevo presupuesto.

2.   Eliminar o reducir los costos de vivienda

Para la mayoría de la gente, la vivienda es el gasto más grande, y es el primer gasto que usted debe examinar. Por suerte para usted, hay una manera de hacerlo sin tener que mudarse a una casa menos deseable.

Esto implica obtener una pequeña propiedad de varias unidades, mudarse a una de las unidades y alquilar las unidades restantes. Los inquilinos le ayudarán a pagar los costos de la vivienda.

Si no quiere comprar una casa nueva o mudarse, todavía hay algunas opciones para usted. Puede segmentar parte de su propiedad como un conjunto de ingresos y luego arrendarla. Usted puede firmar un contrato de arrendamiento a largo plazo.

O tal vez pueda dejar un cuarto libre y conseguir una empleada del hogar. Las empleadas vienen con ventajas asombrosas más allá de pagar el alquiler. Ayudan con los quehaceres de la casa, cocinan, pagan las cuentas de los servicios públicos, e incluso pueden llegar a ser buenas amistades.

3.   Aprender a cocinar

Comer fuera de casa o pagarle a alguien para que cocine para usted puede crear enormes gastos. Son asesinos del presupuesto.

¿Por qué no aprende a cocinar? Con el tiempo, mejorará en ello. Además, cocinar puede ser divertido.

Cualquiera puede aprender a cocinar, y una vez que supere la incomodidad inicial, aprenderá a completar una comida de tres platos que supera a cualquier cosa en un restaurante con un precio excesivo. Costará mucho menos cocinar, y usted puede ganar dinero extra para el día siguiente.

Además, cuando cocine, cocinará comidas más saludables que las de los restaurantes. Usted puede escoger platos e ingredientes bajos en carbohidratos o bajos en grasa. Los restaurantes sólo dan prioridad al gusto.

4.   Aleje su vida social de las compras

¿Dónde se reúne normalmente con sus amigos? ¿Bares? ¿Las salas de cine? ¿Restaurantes?

Ya que ahora puede cocinar, puede invitarlos a cenar. También puede llevar bebidas más frescas a algún lugar con una vista asombrosa en lugar del bar. En lugar de pagar de más para conseguir un boleto de cine, planee una noche de cine en su casa o en la de su amigo.

Usted podría gastar $100 comiendo en un restaurante con amigos, o podría gastar $20 juntándose para una fogata en la playa, en un picnic, en una degustación de vinos caseros o en una barbacoa en el patio trasero.

Todo lo que se necesita es un poco más de creatividad y planificación, pero le ayudará a ahorrar una gran cantidad de dinero sin perder tiempo o diversión con un amigo.

5.   Ganar más dinero

Si está luchando para llegar a fin de mes con un ingreso de dos semanas, busque otras maneras de ganar más dinero. Hay muchas maneras de lidiar con esto. Usted podría negociar un aumento de sueldo en su lugar de trabajo, o podría buscar un nuevo trabajo que pague mejor. Encuentre cualquier cosa que pueda convertirlo en un empleado más valioso y hágalo. Si eso no es posible, busque un trabajo de medio tiempo para ganar dinero extra.

¿Qué habilidades tiene usted que otros necesitan? ¿Puedes construir sitios web en WordPress? ¿Es bueno en fotografía y está dispuesto a trabajar en bodas durante algunas noches de fin de semana todos los meses? ¿Tiene experiencia en mejoras para el hogar?

Todos tenemos habilidades y todos podemos aprender a desarrollarlas. Hay muchas maneras de ganar dinero, pero requiere iniciativa de su parte.

6. *Transfiera automáticamente la mitad de sus ingresos*

Usted siempre estará tentado a usar dinero en su cuenta de operaciones o de cheques.

Puede configurar una transferencia automática de su cuenta a una cuenta de inversión o de ahorros. Usted debe hacer esta transferencia el mismo día en que se le paga.

Al principio, usted puede usar la mitad de sus ingresos para pagar sus deudas. Cuando todas las deudas estén saldadas, su presupuesto será muy fácil de manejar. Sin deudas, usted puede comenzar a invertir en inversiones de alto rendimiento que le paguen. Pronto empezará a subir, y estará en un ciclo fantástico en el que sus ingresos seguirán aumentando.

Ese ciclo sólo despegará si mantiene los gastos bajos. La mayoría de la gente sólo sale a gastar cuando recibe más dinero. Quieren un auto nuevo, cenas elegantes, una casa y ropa nuevas. Eso es lo que ellos llaman inflación de estilo de vida, y es un enemigo de la independencia financiera.

7. Empujar sus límites mentales

Nuestras mayores limitaciones son nuestras mentes. Comience trabajando hacia atrás con su presupuesto, reduzca sus gastos y aumente sus ingresos. Con disciplina y creatividad, es posible vivir de la mitad de sus ingresos.

Obtenga la información que necesita para comenzar a invertir

¿Quiere invertir, pero no tiene ni idea de por dónde empezar? El primer paso para invertir es el más importante. Si usted invierte sabiamente, puede conducir a la independencia financiera y a ingresos pasivos.

Si desea comenzar a invertir, necesita tener la información correcta para evitar malgastar su dinero en inversiones deficientes. Entonces, ¿qué información debería tener para empezar? Aquí está la información que necesita para asegurar que su inversión sea un éxito:

1. Decida el tipo de activos que desea poseer

Invertir es poner dinero en algo hoy y obtener más dinero en el futuro. Por lo general, puede lograrlo mediante la adquisición de activos productivos. Por ejemplo, si usted compra un edificio de apartamentos, usted será dueño de la propiedad y del dinero en efectivo que produce a través del alquiler.

Cada activo productivo tiene características únicas, así como ventajas y desventajas. Aquí están algunas de las inversiones potenciales que usted podría considerar:

Capital social - El capital social de una empresa le permite compartir una ganancia o pérdida generada por la empresa. Ya sea que desee poseer ese capital comprando acciones de una empresa que cotiza en bolsa o adquiriendo una pequeña empresa directamente, las acciones de una empresa son la clase de activos más gratificante.

Valores de renta fija - Cuando usted decide invertir en valores de renta fija, está prestando dinero a un emisor de bonos. A cambio, usted recibirá un ingreso por intereses. Puede hacerlo de muchas maneras: desde bonos de ahorro estadounidenses hasta bonos municipales libres de impuestos, desde bonos corporativos hasta mercados monetarios y certificados de depósito.

Bienes raíces - Los bienes raíces son quizás los inversionistas de clase de activos más antiguos y fáciles de entender. Usted puede ganar dinero invirtiendo en bienes raíces de varias maneras, pero todo se reduce a ser dueño de algo y dejar que otros lo usen para pagos de arrendamiento o alquiler. O para desarrollar una propiedad y venderla con fines de lucro.

Propiedad y derechos intangibles - La propiedad intangible consiste en todo, desde patentes y marcas registradas hasta derechos de autor y regalías musicales.

Tierras agrícolas y otros productos básicos: la inversión en actividades de producción de productos básicos implica extraer o producir algo de la naturaleza o del suelo. Por lo general, implica mejorarlo y venderlo para obtener beneficios. Si hay petróleo en su tierra, puede extraerlo y obtener dinero en efectivo. Si usted cultiva maíz, puede venderlo y ganar dinero. Puede involucrar muchos riesgos -desastres, clima y otros desafíos que podrían hacerle perder dinero- pero aun así puede ganar dinero con ello.

2. Decida cómo desea ser propietario de estos activos

Cuando haya decidido cuáles son los activos que desea poseer, puede decidir cómo poseerlos. Para entender este punto, veamos la equidad en los negocios. Digamos que quiere una participación en un negocio que cotiza en bolsa. ¿Va a ir a por las acciones directamente o va a pasar por una estructura mancomunada?

- Propiedad pura - De esta manera, usted comprará directamente acciones de una compañía individual y las verá en su balance general o en el de la entidad que usted posee. Usted será un accionista real y tendrá derecho a voto. Esto podría darle acceso a ingresos por dividendos. Su patrimonio neto puede aumentar a medida que la empresa crece.

- Propiedad compartida - Con este método, usted agregará su dinero a un fondo común aportado por otras personas y comprará la propiedad a través de una entidad o estructura compartida. La mayoría de las veces, esto se hace a través de fondos mutuos. Si usted es un inversor rico, puede invertir en fondos de cobertura. Si no tiene una gran cantidad de dinero, puede considerar la posibilidad de invertir fondos indexados y fondos negociados en bolsa.

3. Decida dónde desea mantener los activos

Cuando haya tomado una decisión sobre cómo desea adquirir activos de inversión, debe decidir cómo desea mantener estos activos. Hay varias opciones:

- Cuenta imponible - Si usted decide sobre cuentas imponibles como una cuenta de corretaje, usted pagará impuestos más tarde, pero no habrá ninguna restricción en su dinero. Será libre de gastarlo en lo que quiera. Usted será libre de cobrar y comprar lo que quiera. También puede agregarle cualquier cantidad que desee cada año.

- Refugios tributarios - Si usted elige invertir en cosas como Roth IRA o plan 401(k), hay beneficios de protección de impuestos y bienes. Algunos planes y cuentas de jubilación ofrecen protección ilimitada contra la bancarrota. Esto significa que si se produce un desastre médico que borre su balance general, los acreedores no tocarán su capital de inversión. Algunos tienen impuestos diferidos. Esto significa que usted podría obtener deducciones fiscales cuando deposite el capital en una cuenta para elegir la inversión y pagar impuestos en el futuro. Una buena planificación fiscal puede significar una gran riqueza adicional en el futuro.

- Confíe en otros mecanismos de protección de activos: puede retener sus inversiones a través de estructuras o entidades como los fondos fiduciarios. Obtendrá importantes beneficios de protección de activos y de planificación cuando utilice estos métodos especiales de propiedad. Esto es útil cuando se desea restringir el uso del capital. Además, si usted tiene importantes inversiones en bienes raíces o activos operativos, puede hablar con su abogado para establecer una sociedad de cartera.

La información que necesita para empezar a construir sus activos personales

Hay muchas maneras de construir activos personales con poco dinero, pero pocas personas saben cómo hacerlo. ¿Cuál podría ser el problema? El problema es que la mayoría de la gente no conoce el importante proceso de construcción de activos.

¿Qué se debe hacer para construir activos? No es ciencia espacial. Si usted aprende el proceso de construcción de activos, el resto es fácil.

Invertir dinero para acumular activos

Usted debe saber todo acerca de la relación entre la acumulación de activos y las inversiones.

- Inversiones - Invertir es el proceso de compra de activos.

- Acumulación de activos - Cuando usted adquiere activos gradualmente con el tiempo y los mantiene a largo plazo, los activos comienzan a acumularse. Para que un proceso de inversión tenga éxito, debe comprar activos con la intención de acumularlos.

- Construcción de activos - La construcción de activos es el proceso de compra gradual de activos con la intención de acumularlos.

Cuando usted compra activos sin la intención de acumularlos, se convierte en una actividad sin sentido.

Ya que ahora usted entiende el proceso de construcción de activos, vamos a hacer una pregunta más básica.

¿Por qué construir activos?

Usted debe crear activos para la independencia financiera. ¿Por qué es necesario?

¿Ama su trabajo? Conozco a poca gente que levantaría la mano ante esa pregunta. Si la mayoría de las personas no aman su trabajo, ¿por qué lo conservan? Es simple: necesitan dinero, por eso no tienen otra opción.

Debemos comprometernos a hacer nuestro trabajo porque queremos seguir ganando dinero. ¿Existe alguna forma de eliminar esta dependencia? Sí, hay una manera de salir de esto. Todo lo que tiene que hacer es ser financieramente independiente. ¿Cómo se hace eso? Aquí hay un enfoque para ayudarle.

- Tenga en cuenta que usted depende de su trabajo para obtener ingresos. La mayoría de las personas que trabajan no se dan cuenta de que existe la independencia financiera.

- Comience a eliminar gradualmente la dependencia financiera. Usted puede hacer esto generando una fuente alternativa de ingresos. ¿De dónde vendrá su fuente alternativa de ingresos? De invertir en activos.

¿Cómo puede una persona común construir bienes?

Para aquellos que ya son ricos, los métodos de construcción de activos son diferentes. ¿Cómo puede una persona común construir bienes? Aquí están los pasos:

1.   **Ahorrar** - Ahorrar dinero es muy importante. La manera más fácil de ahorrar dinero es reservando parte de sus ingresos. La

eliminación de gastos innecesarios aumentará el efectivo en mano. Incluso los millonarios deben ahorrar dinero si quieren seguir siendo ricos. Si ahorra más del 25% de sus ingresos totales, se considera un ahorro decente. Usted puede hacer una transferencia automática donde el 25% de su dinero va automáticamente a sus ahorros.

2.   **Invertir** - ¿Por qué necesita invertir y no seguir ahorrando para comprar activos directamente? Sería bueno hacer eso, pero no se recomienda guardar su dinero como ahorros. Esto se debe a que los ahorros se pueden gastar fácilmente. Y no olvide que invertir su dinero hace que se multiplique.

3.   **Bloquear fondos** - Este paso es muy importante. La mayoría de la gente se detendría en el paso dos. En este paso, usted estará convirtiendo todos sus activos en activos generadores de ingresos. ¿Cómo se puede hacer esto? Puede considerar REITs, propiedades de alquiler y acciones que pagan dividendos.

Dado que los pasos anteriores son muy importantes para la construcción de activos, vamos a entrar en más detalles sobre cómo podemos implementarlos con éxito.

1.   Ahorra dinero

Usted necesita enfocarse en ahorrar suficiente dinero para comprar inversiones. ¿Cómo puede ahorrar dinero?

Construya un fondo de emergencia - Nada consume activos más rápido que una emergencia. Cuando algo inesperado sucede, puede consumir mucho dinero. Un ejemplo es una emergencia médica. Se recomienda que mantenga suficiente respaldo para manejar las emergencias. Considere ahorrar para una emergencia en efectivo y seguro.

Arregle un depósito recurrente - La prioridad aquí es ahorrar. No debería pensar en una devolución. Hay algunas ventajas de los depósitos recurrentes. Los ahorros serán automáticos, el dinero está seguro y el dinero permanece en el banco.

La creación de un fondo de emergencia asegura que estemos preparados para hacer frente a las emergencias de la vida. Cuando ocurren, podemos depender de nuestros ahorros. Hacer arreglos para depósitos recurrentes asegura que lo que ahorramos pueda ser usado para inversiones.

2. Invertir dinero

Cuando haya hecho todo el esfuerzo de ahorrar, debe asegurarse de invertir ese dinero sabiamente. La mayoría de la gente no tiene idea de cómo. ¿Dónde puede invertir su dinero? Aquí hay algunos ejemplos.

Fondos híbridos - Los fondos híbridos tienen un SIP, que es una herramienta útil para las inversiones. Hay varios beneficios. Obtendrá exposición a la deuda y al capital de una sola ventana. Usted debe desarrollar una mentalidad para mantener la inversión en este fondo a través de SIPs. Siga haciendo esto mes tras mes sin parar.

ETFs sobre índices - Los ETFs son un buen producto de inversión. Tienen los beneficios tanto de los fondos mutuos como de las acciones.

Los ETFs ofrecen una gran diversificación de inversiones dentro de una cartera de renta variable. Usted puede obtener unidades ETF cada vez que haya una caída superior al 3% en un índice.

Oro - El oro puede ser una inversión a largo plazo que dura hasta 12 años.

Comprar tierra - La tierra es un activo que se ha vuelto escaso. Es una gran idea invertir en terrenos en las afueras de una ciudad.

Aquí está multiplicando su dinero a un ritmo más rápido. Las inversiones anteriores pueden generar buenos rendimientos con el tiempo y con menos riesgo.

3. Bloquear fondos

El dinero que encerraste en tierras, SIP y RD tiene un solo objetivo. Usted puede redimirlo y usarlo para comprar activos en algún momento. Puede utilizarlo en activos generadores de ingresos. Considere lo siguiente:

Acciones que pagan dividendos - Son acciones fuertes que pagan dividendos regulares al accionista. Usted debe comprar estas acciones al precio correcto. Si no lo hace, su rendimiento será demasiado bajo. Usted debe esperar un momento perfecto para obtener las mejores acciones de pago de dividendos.

Propiedad en alquiler - Este puede ser el mejor activo generador de ingresos que usted puede obtener, ya que genera los mejores ingresos pasivos. Lo que usted gana de la propiedad inmobiliaria también aumenta la tasa de inflación.

Usted debe considerar la posibilidad de distribuir sus inversiones entre las opciones anteriores. Estos son vehículos de inversión perfectos para la generación de ingresos.

Invertir nunca es suficiente. Necesita construir sus activos.

Conclusión

Gracias por llegar al final de la Mente del Presupuesto Minimalista.

Esperemos que haya sido informativo y capaz de proporcionarle toda la información que necesita para administrar bien su dinero y alcanzar sus metas financieras.

Has aprendido que el minimalismo puede poner fin a la gula del mundo que nos rodea. Es lo contrario de lo que se ve en los anuncios de la televisión. Vivimos en una sociedad que se enorgullece de comprar muchos productos innecesarios; estamos abrumados por los hábitos consumistas, el desorden, las posesiones materiales, las deudas, el ruido y las distracciones. Sin embargo, de lo que parece que no tenemos suficiente, es de significado.

Adoptar un estilo de vida minimalista le permitirá eliminar las cosas que no necesita para que pueda concentrarse en las cosas que necesita. Usted ha aprendido cómo puede ahorrar dinero. Ahorrar dinero tiene muchos beneficios y podría ahorrarle muchos problemas en el futuro. Usted ha aprendido a hacer un seguimiento de sus gastos y cómo puede empezar a ahorrar dinero. Esto le ha enseñado a ser disciplinado cuando se trata de dinero.

Aparte de eso, usted ha aprendido algunas de las mejores estrategias de presupuesto para ayudarle a alcanzar sus metas. Aplique estas estrategias tan pronto como pueda para lograr sus metas financieras antes de lo esperado.

Salir de la deuda nunca ha sido fácil para la mayoría de nosotros, pero aprender acerca de las causas de la deuda le ha ayudado a ver la deuda de manera diferente y aprender maneras efectivas para salir de ella. Estos métodos le ayudarán a salir de la deuda y al mismo tiempo le ayudarán a ahorrar más.

Cuando haya eliminado las deudas y aprendido a ahorrar, considere la posibilidad de invertir en algo que multiplique su dinero. Con la información que ha aprendido sobre la inversión y la autodisciplina que ha ganado, verá la inversión desde un ángulo diferente y comenzará a acumular riqueza personal.

Ahora has aprendido a vivir un estilo de vida minimalista. La práctica hace la perfección, y eso es lo que necesita hacer con su presupuesto minimalista. Con un poco de tiempo y práctica, usted será capaz de hacer uso de los buenos hábitos de dinero y hacerlos parte de su vida.

Por último, si le ha gustado este libro, le pido que se tome el tiempo de revisarlo en Audible.com. Sus comentarios honestos serán muy apreciados.

Gracias.

CPSIA information can be obtained
at www.ICGtesting.com
Printed in the USA
LVHW031252221220
674885LV00006B/342